Gary Chapman / Ron L. Deal

DIE 5 SPRACHEN DER LIEBE FÜR PATCHWORKFAMILIEN

GARY CHAPMAN
RON L. DEAL

Die 5 Sprachen der Liebe

FÜR PATCHWORK-FAMILIEN

francke

MIX
Papier aus verantwortungsvollen Quellen
FSC® C014138

Bibliografische Information der Deutschen Nationalbibliothek
Die Deutsche Nationalbibliothek verzeichnet diese Publikation in der Deutschen Nationalbibliografie; detaillierte bibliografische Daten sind im Internet über https://dnb.dnb.de abrufbar.

ISBN 978-3-96362-174-1
This book was first published in the United States
by Northfield Publishing with the title
Building Love Together in Blended Families,

35037 Marburg an der Lahn
Deutsch von Anja Findeisen-MacKenzie
Umschlagbild: © iStockphoto.com / Cecilie_Arcurs
Umschlaggestaltung: Verlag der Francke-Buchhandlung GmbH
Satz: Verlag der Francke-Buchhandlung GmbH
Printed in Czech Republic

www.francke-buch.de

Inhaltsverzeichnis

Über die Autoren

Gary Chapman ist der Autor der Bestsellerreihe »Die 5 Sprachen der Liebe« und Leiter des Familienberatungs-Instituts Marriage and Family Life Consultants. Er hält auf der ganzen Welt Vorträge und ist auch immer wieder landesweit in den US-amerikanischen Medien präsent. Mit seiner Frau Karolyn lebt er im US-Bundesstaat North Carolina. Weitere Informationen unter www.5languages.com.

Ron L. Deal ist in den USA einer der renommiertesten Autoren, Referenten und Podcaster zum Thema Patchworkfamilien. Er ist der Gründer der Ratgeberserie *Smart Stepfamilies™*, Leiter der Organisation *FamilyLife Blended®*, einer Unterorganisation von *FamilyLife®*, sowie Autor zahlreicher Videos und Bücher zum Thema Patchworkfamilien, darunter die Bestseller *The Smart Stepfamily, The Smart Stepmom* (gemeinsam mit Laura Petherbridge), *The Smart Stepdad* und *The Smart Stepfamily Marriage* (gemeinsam mit David Olson). Außerdem ist er Mitherausgeber der *Smart Stepfamily* Buchserie. Ron Deal ist Ehe- und Familientherapeut, Moderator des Podcasts *FamilyLife Blended* sowie einer täglichen einminütigen Radiosendung, die landesweit von über neunhundert Sendern ausgestrahlt wird. Er wird auch immer wieder in großen Zeitungen und Magazinen zitiert oder erwähnt, darunter in der *New York Times*, dem *Wall Street Journal* und in *USA Today*. Er und seine Frau Nan haben drei Söhne und leben in Little Rock im US-Bundesstaat Arkansas.
Website: www.RonDeal.org.

Von Gary:

Dieses Buch ist den vielen Patchworkfamilien gewidmet, die mich im Lauf der Jahre an ihrem Weg haben Anteil nehmen lassen.

Von Ron:

Für meine Frau Nan, meine treue Partnerin auf dem Weg, unsere gegenseitige Liebe wachsen und reifer werden zu lassen. Und für die Tausende von Patchworkfamilien, die mir erzählt haben, wie sie die Liebe gefunden und gemeinsam liebevolle Beziehungen aufgebaut haben. Ihr alle seid eine Inspiration für mich.

Einführung

Die erste Geschichte im ersten Kapitel meines Buches *Die fünf Sprachen der Liebe* erzählt von einem Mann, neben dem ich zufällig im Flugzeug saß. Er war dreimal verheiratet gewesen. Zwei Versuche, eine Patchworkfamilie zu bilden, waren gescheitert.

»Ich kann es gar nicht glauben, dass es mir gleich dreimal passiert ist«, sagte er zu mir und stellte dann die Frage, die sich so viele Menschen stellen: Auf welche Weise gelingt es, die Liebe in der Ehe am Leben zu halten? Wie schaffen manche Paare das?

Ich brauche Ihnen nicht zu erzählen, dass Patchworkfamilien vor ganz eigenen Herausforderungen stehen, wenn sie »es schaffen« wollen. Darum haben Ron Deal und ich dieses Buch geschrieben. Wir wissen, dass Sie, genau wie mein Freund im Flugzeug, in Ihrer Patchworkfamilie dauerhafte liebevolle Beziehungen aufbauen wollen. Aber wie geht das? Wie *findet* man die Liebe in einer neu zusammengesetzten Familie, wie *stärkt* man sie und wie kann man sie *erhalten?*

Dieses Buch verbindet die Grundgedanken meines Konzeptes von den fünf Sprachen der Liebe mit den Erkenntnissen des Patchworkfamilien-Experten Ron Deal (Autor der *Smart Stepfamily*-Buchserie).

Wie Sie bald entdecken werden, müssen die fünf Sprachen der Liebe in einer Patchworkfamilie anders angewandt werden. In einer Familie, die nur aus leiblichen Eltern und Kindern besteht, sind in der Regel alle von Natur aus gleichermaßen motiviert, einander zu lieben. Die fünf Sprachen der Liebe dienen dazu, ihnen zu zeigen, wie sie das am besten tun können. Doch wie Sie sicherlich bereits festgestellt haben, ist die gegenseitige Liebe aller Mitglieder einer Patchworkfamilie nicht immer selbstverständlich. Daher möchten wir Ihnen gerne zeigen, wie Sie die fünf Sprachen Menschen gegenüber anwenden können, die vielleicht nicht daran interessiert sind, Ihre von ganzem Herzen geäußerte Liebe zu empfangen oder diese zu erwidern. Hier kommt es auf ein kluges Vorgehen an.

»Aber Gary, ich kenne die fünf Sprachen der Liebe doch schon«, mögen Sie vielleicht einwenden. Das ist toll und wahrscheinlich haben Sie diese in Ihrer Familie schon mit einem gewissen Erfolg angewandt. Aber vielleicht geht es Ihnen auch so wie den 70 Prozent der Teilnehmer an einer Umfrage, die angaben, sie hätten noch Fragen oder seien sich nicht sicher, wie sie die fünf Sprachen der Liebe in einer Patchworkfamilie anwenden sollen.[1] Wenn man die ganz andere innere Dynamik betrachtet, die in Patchworkfamilien herrscht, dann ist die Kenntnis der fünf Liebessprachen zwar ein guter Anfang, aber es ist dennoch nötig zu lernen, wie sie in einer neu zusammengesetzten Familie zum Einsatz kommen können.

Die Teilnehmer der erwähnten Umfrage äußerten unter anderem folgende Fragen:

> *»Wenn die Liebessprache meines Stiefkindes Zweisamkeit ist, wie kann ich das berücksichtigen, wenn es gar keine Zeit mit mir verbringen will?«*

»Wie lassen sich Rivalitäten zwischen Stiefgeschwistern vermeiden? Die wichtigste Liebessprache meines Stiefsohnes sind Geschenke. Wenn ich ihm etwas schenke und mein eigenes Kind sieht das, wird es dann nicht den Eindruck haben, dass das andere Kind etwas bekommt und es selbst nicht (obwohl Geschenke nicht seine Liebessprache sind)? Führt das nicht zu noch mehr Rivalitäten zwischen den beiden?«

»Stiefeltern sind sehr sensibel gegenüber den Bedürfnissen ihrer Stiefkinder. Auch ich versuche meine Stiefkinder so zu lieben, wie sie es brauchen. Doch wie schafft man es, dass auch die Kinder sensibel werden gegenüber den Bedürfnissen ihrer Stiefmutter oder ihres Stiefvaters?«

In diesem Buch werden wir diese und weitere Fragen beantworten. Ganz gleich, ob Ihre Kinder noch klein oder schon erwachsen sind, ob Ihrer Beziehung eine Scheidung oder ein Todesfall vorausging, ob Sie überlegen zu heiraten oder gerade geheiratet haben oder ob schon viele Ehejahre hinter Ihnen liegen – wir freuen uns, dass Sie dieses Buch in die Hand genommen haben. Und falls Sie Großeltern oder Verwandte sind – es ist schön, dass Sie Ihre Unterstützung anbieten möchten. Nun wollen wir uns anschauen, wie man dauerhafte liebevolle Beziehungen aufbaut.

Gary Chapman

1. Die Mischung macht's

Wir wollen nicht anmaßend wirken, aber wir haben eine Vermutung, warum Sie dieses Buch gekauft haben. Sie wollen eine »gute Mischung«. Und dabei reden wir nicht von Kaffee oder Smoothies. Ihr Zuhause soll allen, die dort leben, eine gesunde Umgebung bieten, eine gute Mischung aus Nähe, Autonomie und Beständigkeit, in dem Wissen, dass alle füreinander da sind; eine gute Mischung aus Glück und Freude, Vertrauen und emotionaler Sicherheit; eine gute Mischung aus Grenzen setzen, einander fördern und gesunde Maßstäbe vermitteln, die den Kindern Respekt und Anstand beibringen. Die Kinder sollen zu reifen und verantwortungsbewussten Erwachsenen werden, die ihren Beitrag für die Welt leisten und sich um andere Menschen kümmern. Kurz gesagt: Es geht darum, gut zusammenzufinden und einander gut zu lieben. Eine liebevolle Patchworkfamilie zu bilden, ist der Grund, warum Sie beide eine feste Beziehung miteinander begonnen haben (oder es zumindest in Erwägung ziehen) und warum Sie dieses Buch gekauft haben. Liegen wir mit dieser Vermutung richtig – oder sind wir zumindest dicht dran?

»Wir fallen immer wieder in ein Loch«

Die richtige Mischung und ein gutes Miteinander, das wünschte sich Kate[2] auch.

Kate hat drei eigene Kinder und zwei Stiefkinder. Sie und ihr Mann Chris waren seit drei Jahren verheiratet, als sie um Hilfe bat. »Wir haben schon Fortschritte gemacht«, sagte sie, »aber wir fallen trotzdem immer wieder in ein Loch.«

Ihre drei Kinder – ein Junge von sechzehn Jahren, eine dreizehnjährige und eine neunjährige Tochter – lebten ständig bei ihnen, während die zwei Töchter von Chris, siebzehn und acht Jahre alt, jedes zweite Wochenende bei ihrer Mutter verbrachten.

»Meine dreizehnjährige Tochter Kayla ist ein bisschen aufmüpfig«, erklärte Kate. »Ich versuche sie in Schach zu halten, aber sie meckert und motzt viel herum. Ich habe gelernt damit umzugehen und mich ihr gegenüber durchzusetzen, aber mein Mann fühlt sich respektlos behandelt und meint, es dürfe keine Widerrede geben und sie müsse jedes Mal bestraft werden. Das ist schon seit Längerem ein Problem und im Moment scheint es immer wieder aufzutauchen, selbst wenn es eigentlich gar nicht um Kayla geht. Wenn eines seiner Kinder sich danebenbenimmt und ich etwas sage, dann verteidigt er es und meint: ›Warum hackst du auf meinen Kindern herum und nicht auf deinen?‹«

Das Leben in einer Patchworkfamilie kann sehr anstrengend sein, weil es viele ineinandergreifende Dynamiken wie diese gibt.

Wir glauben, dass die kluge Anwendung der fünf Liebessprachen und ein gutes Verständnis dessen, was eine gesunde Patchworkfamilie ausmacht, dabei helfen können, Probleme dieser Art zu überwinden.

Kates Geschichte zeigt ein paar typische Dilemmas, in denen sich Familien befinden, die nicht so gut zueinander gefunden haben: eine Ehe, die durch die elterliche Uneinigkeit allmählich zersetzt wird; relativ harmlose Meinungsverschiedenheiten, die sich rasch zum Gefühl eines absichtlichen Vertrauensverrats auswachsen können; leibliche Eltern, die den Eindruck haben, zwischen allen Stühlen zu sitzen; Loyalitätskonflikte bei den Kindern und die Geschichte eines Verlustes durch eine Trennung oder einen Todesfall, die immer im Hintergrund lauert und droht, die Kontrolle über die neuen familiären Beziehungen zu übernehmen.

Chris fühlt sich nicht respektiert und befürchtet wahrscheinlich, dass die Situation sich mit zunehmendem Alter der Stieftochter verschlimmern wird. Kate ist frustriert und verzweifelt, denn sie ist hin- und hergerissen zwischen zwei Personen, die sie liebt und die ihr äußerst wichtig sind. Sie hat versucht, eine Win-win-Lösung zu finden, aber egal was sie tut, immer scheint jemand unglücklich und wütend auf sie zu sein. Kayla ist streitsüchtig (ein nervenaufreibendes Verhalten, das Eltern nicht gern bei ihrem Kind sehen wollen), aber Kate macht sich vor allem Sorgen, dass der familiäre Konflikt bei ihrer Tochter das Gefühl hervorruft, ständig von ihrem Stiefvater ins Visier genommen, kritisiert und abgelehnt zu werden (was sich negativ auf ihr sich entwickelndes Selbstwertgefühl auswirkt). Sowohl Kate als auch Chris sind am Ende unglücklich in ihrer Ehe. Jeder würde die Geschichte zwar ein bisschen anders erzählen, aber alle Familienmitglieder wären sich darin einig, dass sie sich nicht geborgen und geliebt fühlen. Wenn sich das alles in diesem Tempo weiterentwickelt, wird die Familie am Ende keine gute Mischung mehr abgeben.

Warum »Liebe« in einer Patchworkfamilie so kompliziert ist

Aber warum passiert das alles? Sie lieben einander doch, oder etwa nicht? Nun ja, eigentlich schon ... aber auf unterschiedliche Weise. Genau das ist nämlich ein Teil des Problems. In Patchworkfamilien gibt es manchmal bei Kindern und Erwachsenen unterschiedliche Auffassungen von Liebe und auch die Motivation, die Liebe zu vertiefen, kann sehr verschieden ausgeprägt sein.

Zunächst wollen wir uns mit der Frage beschäftigen, wie unterschiedliche Auffassungen von Liebe das Miteinander in einer Patchworkfamilie kompliziert machen können. Eine Möglichkeit, die Liebe zu definieren, ist es, das genauer zu betrachten, was wir Liebesassoziationen nennen. Dabei geht es darum, welche Beziehungseigenschaften oder welches Verhalten wir mit Liebe in Verbindung bringen. Es kann sein, dass ein Stiefkind seinen Stiefvater oder seine Stiefmutter zwar liebt, ihnen aber dennoch nicht denselben Respekt entgegenbringt wie den leiblichen Eltern. Ein Stiefvater oder eine Stiefmutter mag vielleicht alle Kinder gleich lieben, es aber trotzdem noch seltsam finden, das Stiefkind zu umarmen. Ein Mann oder eine Frau liebt zwar den neuen Ehepartner, möchte dessen Namen aber dennoch nicht in die Lebensversicherungspolice aufnehmen lassen, die er oder sie gerade zugunsten der Kinder abgeschlossen hat. Stiefgeschwister mögen sich gut verstehen und einander als Familienmitglieder betrachten und trotzdem wollen sie nicht, dass der jeweils andere auf dem jährlichen Weihnachtsfamilienfoto mit der Oma auftaucht. Und Großeltern, die alle Enkelkinder gleich lieben, sind vielleicht trotzdem lieber dann als Babysitter im Einsatz, wenn es ihre leiblichen Enkel betrifft.

> Unterschiedliche Auffassungen von Liebe können das Miteinander in einer Patchworkfamilie kompliziert machen.

Daran lässt sich erkennen: Die Assoziationen, die wir mit Liebe in Verbindung bringen, helfen uns, Liebe zu definieren, und sie legen fest, wie die Liebe in einer Familie zum Ausdruck kommt und ob jemand sich geliebt fühlt oder nicht.

Die Konflikte beginnen, wenn die Auffassungen von Liebe zwischen Eltern und Kindern miteinander kollidieren, so zum Beispiel bei Kate, die darüber frustriert ist, dass ihre Tochter ihren Stiefvater nicht »in ihr Herz lässt« und dass dieser Kayla »aus seinem Herzen ausgeschlossen« hat.

Stiefkinder haben meist ein grundlegendes Maß an Respekt für ihre Stiefeltern (ähnlich wie sie es gegenüber ihren Lehrern in der Schule haben). Probleme entstehen, sobald ein Elternteil oder Stiefelternteil mehr als das verlangt. Die Auffassungen von Liebe kollidieren auch dann, wenn ein leiblicher Elternteil es dem Ehepartner übel nimmt, dass er oder sie die Stiefkinder nicht ebenso herzlich umarmt wie die eigenen Kinder, oder wenn ein Stiefelternteil einem Stiefkind die Liebe entzieht, weil dieses die Stiefgeschwister vom Familienfoto ausschließen will. Welche Konflikte hier bereits im ersten Jahr des Zusammenlebens als Patchworkfamilie auftreten können, ist für viele frisch Verheiratete einigermaßen schockierend. Vorher haben sie erlebt, wie ihre Kinder sich auf die Hochzeit und die neue Familie gefreut haben. Doch kaum sind die Flitterwochen vorüber, haben sie den Eindruck, dass die Kinder längst nicht mehr so motiviert sind. Manchmal hat das Paar vielleicht nur das gesehen, was es sehen wollte (die Zustimmung der Kinder zu ihrer Heirat), doch in vielen Fällen ist die Vorfreude der Kinder echt gewesen. Das bedeutet allerdings nicht, dass ihre Definition vom »Zusammenwachsen zu einer liebevollen Familie« mit der ihrer Eltern übereinstimmt. Sobald der Alltag wieder eingekehrt ist und alle unter einem Dach leben, werden die unterschiedlichen Auffassungen von Liebe offensichtlich.

»Insider« und »Outsider«

Auch zwischen den leiblich verwandten Familienmitgliedern (die wir als »Insider« bezeichnen) und den neu hinzugekommenen Mitgliedern (»Outsidern«) kann es unterschiedliche Auffassungen von Liebe geben. Weil Kate und Kayla immer zusammengelebt haben, weiß Kate, wann der Sarkasmus ihrer Tochter respektlos wird. Sie versteht die Launen ihrer Tochter und merkt auch, wenn sich hinter ihrem patzigen Ton etwas anderes verbirgt. Solche Dinge sind für Insider klar und – was noch wichtiger ist – sie zweifeln nicht daran, dass sie geliebt werden, selbst wenn sie sich völlig danebenbenommen haben. Chris, der in alldem ein Außenseiter ist, hat eine viel schwächere Position. Er muss es erst noch lernen, die emotionalen Hinweise zu verstehen, die seine Stieftochter ihm gibt. Doch selbst wenn er erkennt, was hinter ihrem äußeren Verhalten steckt, betrachtet er es immer noch als respektlos – und damit wird auch seine Befürchtung verstärkt, dass die Liebe zwischen ihm und seiner Stieftochter sich nicht entwickeln oder weiter reifen kann. Und wenn die Liebe zwischen ihm und Kayla so sehr strapaziert wird, ist ihm bewusst, dass dadurch wahrscheinlich auch andere Beziehungen betroffen sind, wie zum Beispiel die zwischen den Stiefgeschwistern.

Gegensätzliche Auffassungen von Liebe innerhalb einer Familie führen zu Verletzungen, Wut und Protest. Oft stellen die Reaktionen den Versuch dar, die »angreifende« Person in eine andere Richtung zu steuern, damit ihre Art zu lieben eher mit dem übereinstimmt, wie die verletzte Person es sich vorstellt. Doch diese Reaktion führt natürlich in der Regel zu weiterem Widerstand, der sich vielfältig äußert. (An späterer Stelle werden wir Ihnen zeigen, wie man besser reagieren kann.) Die »lieblose« Person wird dadurch beschämt und es wird ihr vermittelt, sie sei nicht gut genug; die verletzte Person wiederum wirkt durch dieses Verhalten egoistisch und unreif. So entstehen weitere Konflikte und Spannungen in der Familie und die emotionale Distanz zwischen den direkt Beteiligten wird immer größer. Wenn sich dann andere Familienmitglieder (zum Beispiel der leibliche Vater oder die Mutter) einmischen, um den mit ihnen verbundenen Insider zu schützen, werden noch weitere Beziehungen in Mitleidenschaft gezogen.

Sie selbst sind motiviert zu lieben, doch die anderen sind noch unentschlossen

Die Mitglieder einer Patchworkfamilie können sehr unterschiedlich sein, was ihre *Motivation zu lieben* und die Liebe zu vertiefen betrifft. In manchen Konstellationen hat zum Beispiel nur das Ehepaar das Bedürfnis nach einem guten Zusammenleben, während es den Kindern gar nichts ausmacht, wenn es nie dazu kommt. Das gilt vor allem im ersten Jahr bei Patchworkfamilien mit Teenagern. Und es gilt noch viel länger für Familien, die sich erst in einer späteren Lebensphase zusammengefunden haben, wenn nämlich die Stiefkinder bereits erwachsen sind. Häufig haben erwachsene Stiefkinder nicht das Bedürfnis, eine engere Beziehung zu dem Stiefelternteil einzugehen, geschweige denn, diesen zu lieben. Tatsächlich würden sich viele erwachsene Stiefkinder gar nicht als Teil einer Stieffamilie sehen und betrachten den neuen Partner ihrer Mutter oder ihres Vaters entsprechend nicht als ihre Stiefmutter oder ihren Stiefvater. Wir haben schon zahlreiche Gespräche mit Erwachsenen geführt, deren Vater oder Mutter seit Jahren erneut verheiratet war und die nie auf die Idee gekommen wären, den neuen Ehepartner ihres Elternteils anders zu bezeichnen als »Papas Frau« oder »Mamas Mann«. Diese Tatsache ist entmutigend für viele Stiefeltern, die sich eine vertrauensvolle Beziehung zu ihren Stiefkindern wünschen.

Wir werden uns mit diesem Thema später noch eingehender beschäftigen, aber es soll hier zumindest kurz erwähnt werden, dass eine solche Motivationslücke vor allem für Eltern von jüngeren Kindern sehr schwierig ist. Gute Eltern zeichnen sich dadurch aus, dass sie sich gar keine Gedanken darüber machen, wie sie die Zuneigung ihrer Kinder gewinnen können. Wer ständig der Anerkennung durch seine Kinder hinterherläuft, bringt sich selbst damit in eine schwache Position. Er zögert, wo er eigentlich eine Grenze setzen müsste. Diese Dynamik manövriert Stiefeltern in eine nachteilige Situation, vor allem wenn deutlich wird, dass das Kind nicht annähernd so sehr zur Liebe motiviert ist wie sie selbst.

Noch komplizierter wird all dies durch das unterschwellig vorhandene Gefühl des Verlusts in der Familie. Den Eltern ist es *wichtig*, dass die Familie gut zusammenwächst, und es ist *notwendig* für sie, dass die Kinder das auch *wichtig* finden. Warum? Weil die Eltern für ihre Kinder (egal welchen Alters) gerne das wiederherstellen möchten, was sie durch Tod, Scheidung oder Trennung verloren haben. Sie wünschen sich, dass ihre Kinder wieder Teil einer liebevollen Familie werden, die sie bis weit in die Zukunft hinein versorgt und sich um sie kümmert. Außerdem möchten viele Eltern nicht daran schuld sein, dass ihre Kinder der Realität einer zerbrochenen Familie ausgesetzt sind, selbst wenn sie eigentlich gar nicht die Hauptverantwortung dafür tragen. Eltern wünschen sich von ganzem Herzen und geradezu verzweifelt, dass die Liebe in ihrer Stieffamilie siegt. Und zwar keine oberflächliche Liebe, sondern eine tiefe, hingebungsvolle, vertrauensvolle Liebe, durch die einer sich auf den anderen verlassen kann.

> Wer ständig der Anerkennung durch seine Kinder hinterherläuft, bringt sich selbst damit in eine schwache Position.

Ja, das wünschen diese Eltern sich – und Sie sich bestimmt

auch. Lieben und geliebt werden, das ist es, was unsere Seele heilt und uns Selbstvertrauen schenkt, ein Identitätsgefühl, Leidenschaft, Lebenssinn und die Energie, in die Welt hinauszustürmen. Die Liebe legt uns offen, sie bestätigt uns, wertschätzt uns, vergibt und erlöst uns. Sie schafft für uns eine Verbindung zu dem Einen, der uns zuerst geliebt hat und uns die Kraft gibt, seine Liebe anderen weiterzugeben. *Lieben und geliebt werden,* das resultiert in einer barmherzigen Gesellschaft, die Grenzen überwindet – gesellschaftliche, ethnische, wirtschaftliche, politische und nationale – und Menschen vereint. Sie baut Brücken der Barmherzigkeit und Gnade, die uns territoriale Spaltungen überqueren lassen – ob politische oder familiäre – und die Herzen der Menschen miteinander verbinden. Natürlich ist es das, was Sie sich wünschen und was Sie brauchen. Allerdings kann es sein, dass Ihre Kinder dieses Bedürfnis nicht in demselben Maße verspüren wie Sie.

Wenn wir die verschiedenen Auffassungen von Liebe und die unterschiedlichen Motivationsgrade zu lieben innerhalb einer Familie betrachten, dann stellt sich die Frage: Wie gelangen wir hier zu einem guten Miteinander? Wie kann eine Patchworkfamilie ein liebevolles Zuhause aufbauen, wenn es so unterschiedliche Ansichten darüber gibt, wie Liebe aussehen sollte, und wenn die einzelnen Mitglieder nicht alle gleichermaßen daran arbeiten? Wenn Sie das Glück haben, dass Ihre Kinder ebenso motiviert sind wie Sie, die gegenseitige Liebe zu vertiefen, dann wird das gute Miteinander selbstverständlich leichter zu erreichen sein. Wenn nicht, dann wird es beträchtlich schwieriger. Wie auch immer die Ausgangslage aussieht – die gute Mischung erreicht man, indem man zu einer klugen Stieffamilie wird.

Sich auf dem Familien-Ozean zurechtfinden

Die Beziehungsstruktur einer Patchworkfamilie ist grundlegend anders als die einer Familie, in der alle blutsverwandt sind. Also ist es sinnvoll, sich erst einmal über das Leben in einer Patchworkfamilie schlauzumachen.[1] Ein wichtiger Unterschied besteht zum Beispiel darin, dass ein Elternteil eine tiefe, biologisch begründete Beziehung zu seinem Kind bzw. seinen Kindern hat, die schon länger besteht als die Ehe des Paares. Das wirkt sich sowohl auf die Rolle des leiblichen Elternteils aus als auch auf die des Stiefvaters oder der Stiefmutter und der Geschwister. Es hat Folgen für das Trauerverhalten der Familienmitglieder, für den Umgang mit Finanzen, das Vertrauen der Ehepartner zueinander und für die mit dem Expartner gemeinsam getragene elterliche Verantwortung.

Deshalb sage ich (Ron) immer wieder, dass Ehepaare in einer Patchworkfamilie in einem ganz anderen Ozean schwimmen als Paare, die das erste Mal verheiratet sind. Die Stieffamilie lebt in einer kühleren Wassertemperatur (die Beziehungen in einer Patchworkfamilie sind meistens weniger herzlich). Die meisten Mitglieder einer Patchworkfamilie haben einen einschneidenden Verlust erlitten, der immer direkt unter der Oberfläche spürbar ist. Außerdem schwimmen in ihrem Gewässer mehr Haie (Expartner, Probleme mit dem gemeinsamen Sorgerecht und die Belastungen durch das Zusammenfinden der neuen Familie, um nur einige zu nennen). Das Wasser ist weniger klar (das Leben in der Stieffamilie ist undurchsichtig: die Rollenverteilung ist unklar, Rituale und Traditionen sind schwammig und die Beziehungen nicht ein-

1 Abgesehen von diesem Buch empfehlen wir Ron Deals Bestseller *The Smart Stepfamily: Seven Steps to a Healthy Family.* Es ist der erste Teil der *Smart-Stepfamily*-Reihe, die sich speziell an Stiefväter, Stiefmütter und Stiefelternpaare richtet. Weitere Informationen finden sich auf den Internetseiten www.SmartStepfamilies.com und www.FamilyLife.com/blended.

deutig definiert). Um sich auf diesem Ozean zurechtzufinden, müssen ein paar Grundregeln bekannt sein und befolgt werden, die Patchworkfamilien zu einem liebevollen Miteinander führen.

Grundregeln für ein liebevolles Miteinander in Patchworkfamilien

Grundregel 1:
Patchworkfamilien werden nicht mit einem Gefühl der Zusammengehörigkeit geboren; dieses entsteht erst auf dem gemeinsamen Weg.
Grundsätzlich kann man sagen, dass der Weg einer Patchworkfamilie darin besteht, eine gemeinsame Identität zu finden.

»Wer sind wir füreinander?« ist die erste Frage, die alle sich stellen.

Eltern versuchen oft, hier eine schnelle Antwort zu geben: »Es gibt kein ›Mein‹ und ›Dein‹ bei uns. Wir sind jetzt alle *eine* Familie und ihr seid alle ›unsere‹ Kinder.«

Aber was bedeutet das wirklich? Stimmt es bei erwachsenen Kindern genauso wie bei kleinen Kindern? Und eignen sich alle sofort die »Wir«-Sprache an oder haben sie das Gefühl, dass ihnen diese übergestülpt wurde?

Erst muss man die Reise zum »Land des Wir« unternommen haben, bevor man sagen kann: »Das sind wir.« Eine liebevolle Verbindung braucht Förderung, Zustimmung und Wertschätzung durch alle Beteiligten. Am ersten Tag ist eine Patchworkfamilie noch alles andere als eine gelungene Mischung. Sie ist eine Gruppe von Insidern und Outsidern auf der Suche nach einem Gefühl der Zusammengehörigkeit. Und während dieses Ziel verfolgt wird, ist es äußerst wichtig, in dem ganzen Prozess die Geduld zu bewahren.

Grundregel 2:
Geduld ist eine Tugend. Während wir warten, sollen wir großzügig lieben.

Da die Motivation zu lieben zwischen Erwachsenen und Kindern, Insidern und Outsidern, so verschieden ausgeprägt sein kann, ist es wichtig, dass die Familienmitglieder ihre eigenen Erwartungen herunterschrauben. Einfach davon auszugehen – wie so viele Leute es tun –, dass Kinder ihre Stiefgeschwister und ihren Stiefvater oder ihre Stiefmutter einfach nur deshalb lieben, weil die Eltern sich verliebt haben und heiraten wollen, ist ein riesiges Missverständnis. Wenn das tatsächlich eintrifft, dann haben Sie allen Grund zu feiern und können fröhlich die nächsten Schritte tun. Doch in der Regel gibt es in diesem Prozess zumindest eine zeitliche Verzögerung. Keiner kann voraussagen, wann es geschieht und wie tief die Beziehungen werden. Die eigenen Erwartungen etwas zu dämpfen heißt nicht, die Hoffnung ganz aufzugeben, sondern einfach nur, hinsichtlich des Zeitpunkts und des Tempos, mit dem Beziehungen in Ihrer Familie geknüpft werden, realistisch zu sein. Es ist wichtig, in diesem Punkt Geduld zu lernen.

Da eine durchschnittliche Patchworkfamilie fünf bis sieben Jahre braucht, um zueinanderzufinden und eine gemeinsame Identität zu entwickeln[3], rate ich (Ron) solchen Ehepaaren, die »gute Mischung« in ihrer Familie lieber mithilfe der »Niedriggarmethode« herbeizuführen statt mit einem Mixer.[4] Mixer haben nämlich scharfe Messer! Bei der Niedriggarmethode werden die Zutaten in aller Ruhe über einen längeren Zeitraum miteinander verbunden. Sie bleiben in einem Stück, nachdem sie in den Topf geworfen wurden (ein Augenblick, den wir als Hochzeit bezeichnen), und sie können sich so viel Zeit lassen, wie sie wollen, um weich zu werden und etwas von sich abzugeben. Das ist ein ganz wichtiges Konzept, das entscheidend zum Erfolg Ihres gemeinsamen Weges als Familie beitragen kann. Wenn Eltern Liebe erzwingen wollen, dann verletzen sie die Integrität der »Zutaten«. Sie wollen vielleicht einen Eintopf kochen, aber es ist weder hilfreich noch notwendig, die Karotten oder Kartoffeln zu diesem Zweck zu pürieren. Beim Garen werden die Zutaten nämlich ganz freiwillig das von sich geben, was sie anzubieten haben, und müssen dazu nicht zerfetzt werden. Der Trick besteht darin, das harte, manchmal unerbittliche Äußere der Zutaten (wie zum Beispiel der Karotten) zu respektieren und sie auf sanfte Weise dazu zu bringen, dass sie weicher werden und sich mit den anderen so verbinden, dass im Zusammenspiel etwas entsteht, das jeder genießen kann. Dieses Buch will Ihnen dabei helfen, die richtige Temperatur für Ihren »Kochvorgang« zu erreichen. Mit Weisheit zu lieben, dämpft die Hitze. Allerdings sollten wir uns auch keinen Illusionen hingeben: Selbst wenn wir alles richtig machen, braucht es immer noch viele Stunden, um etwas bei niedriger Temperatur zu garen. Folglich kann es durchaus einige Jahre dauern, in einer Patchworkfamilie tiefe Verbindungen zu schaffen.

Während Sie also darauf warten, dass die Zutaten sich erwärmen und weicher werden, um sich dann miteinander zu verbinden, sollten Sie nicht vergessen, großzügig zu lieben. Das bedeutet nicht, dass Sie sich den anderen wahllos an den Hals werfen oder deren Grenzen überschreiten. (Wir werden in einem späteren Kapitel darüber sprechen, was es heißt, auf das Tempo der anderen »Zutaten« Rücksicht zu nehmen.) Es bedeutet auch nicht, dass Sie sich selbst zu viel zumuten müssen im Umgang mit denen, die Ihnen gegenüber verschlossen bleiben. Jedoch ist damit schon gemeint, dass Sie in Ihrer Liebe großzügig, beharrlich, standhaft und opferbereit sind, auch denen gegenüber, die Ihre Großzügigkeit nicht erwidern. Manche Menschen ziehen sich innerlich an einen sicheren Ort zurück, während sie darauf warten, dass die anderen wärmer werden. Wenn das aber dazu führt, dass wir selbst »erkalten«, dann wird die andere Person sich wahrscheinlich auch nicht erwärmen. Jemand muss immer den ersten Schritt tun. Und weil Sie so motiviert sind, scheinen Sie dafür sehr gut geeignet zu sein.

Grundregel 3:
Eine stabile, liebevolle Ehe ist die erste und wichtigste Motivationsgrundlage für das Zusammenfinden einer Patchworkfamilie. Also fördern Sie Ihre Ehe.

Natürlich wünschen Sie sich eine liebevolle Ehe. Und eine, die Bestand hat. Untersuchungen von Dr. David Olson und mir (Ron) haben ergeben, dass bei der Gestaltung einer stabilen Ehe in einer Patchworkfamilie ganz besondere Faktoren zu berücksichtigen sind. In unserem gemeinsamen Buch *The Smart Stepfamily Marriage* zeigen wir auf, dass sich Ehepaare in einer Patchworkfamilie zunächst einmal mit denselben internen Fragen beschäftigen müssen wie andere Paare auch, nämlich mit Themen wie Kommunikation, Finanzen und Konfliktbewältigung. Allerdings werden sie zusätzlich noch durch »Haie« überrascht, von denen sie in ihrem Familien-Ozean umkreist werden: Erziehungsprobleme, schwierige Expartner, der Spagat zwischen der Loyalität zu den Kindern und zum neuen Partner – all das kann die Solidarität zwischen den Ehepartnern empfindlich verletzen.

Und als ob das nicht schon genug Belastungsfaktoren wären, kommt noch die Furcht vor einer weiteren gescheiterten Beziehung oder einem Verlust hinzu. Paradoxerweise macht die Furcht das Scheitern sogar noch wahrscheinlicher. Unsere Untersuchung hat aufgedeckt, wie heimtückisch furchtsame Gedanken sein können: Wenn ich mir Sorgen mache, dass du nicht treu zu mir und/oder meinen Kindern stehst, werde ich wachsam, beginne mich zu schützen, misstraue dir und treffe Gegenmaßnahmen. Und sobald ich beginne, mich vor dir zu schützen, kann es kein »Wir« mehr geben.

Wenn wir all dies bedenken, kommen wir zu dem Schluss,

dass Paare in Patchworkfamilien mehr innere und äußere Belastungsfaktoren zu bewältigen haben als andere. Wenn Sie lernen möchten, einander richtig zu lieben, dann gehört dazu auch, dass Sie die jeweilige Liebessprache Ihres Partners erlernen und ergründen, mit welchem Schwimmstil man sich in Ihrem spezifischen Familien-Ozean am besten fortbewegt.

Eine liebevolle Ehe kann viel Gutes bewirken, nicht nur für das Ehepaar selbst. Sie hat auch enormen Einfluss darauf, wie motiviert die anderen Familienmitglieder sind, einander zu lieben. So wie die Liebe eines hochmotivierten Menschen die Liebe eines anderen wecken kann, dessen Herz zuvor kalt war, so kann auch Ihre liebevolle Ehe die Mitglieder Ihrer Familie dazu ermutigen, einander irgendwann doch zu lieben. Denken Sie einmal darüber nach. Sie alle wären gar keine Familie, wenn Sie beide sich nicht ineinander verliebt hätten. Und ohne eine stabile, glückliche, dauerhafte eheliche Beziehung verlieren die Kinder und andere Familienangehörige ihre Motivation, füreinander Familie zu sein. Dass Sie beide ein Paar sind, ist der erste und wichtigste Beweggrund dafür, dass alle zusammen eine Familie sind.

Etliche Studien belegen, dass die Beziehungen zwischen den Mitgliedern einer Stieffamilie der Beziehung des Ehepaars ähneln. Wenn ein solches Ehepaar sich scheiden lässt, und sei es nach vielen Jahren, verlieren die Stiefkinder eher den Kontakt zueinander und erwachsene Stiefkinder sehen es viel weniger als ihre Pflicht an, sich um älter werdende Stiefeltern zu kümmern, als es gegenüber ihren leiblichen Eltern der Fall wäre.[5] Die Beständigkeit Ihrer Ehe sorgt dafür, dass die Kinder zumindest für eine grundlegende Verbindung motiviert sind, und wenn es hochkommt, dann betrachten sie einander sogar als eine Familie.

Ihre liebevolle Ehe kann die Mitglieder Ihrer Familie dazu ermutigen, einander irgendwann doch zu lieben.

Wir sind übrigens aufgrund einer Untersuchung zu nichtehelichen Lebensgemeinschaften der Überzeugung, dass verheiratete Paare für ihre Kinder und weitere Familienangehörige das stärkste Statement einer auf Dauer angelegten Beziehung abgeben. Eine nichteheliche Lebensgemeinschaft kann das nicht erreichen. Warum sollten die Kinder oder andere Familienangehörige ihr Herz öffnen und ihren Stiefvater oder ihre Stiefmutter und die Stiefgeschwister liebevoll annehmen, wenn der Stiefelternteil sich eine Hintertür offengelassen hat, um wieder aus der Beziehung zu verschwinden, die sie überhaupt erst alle zusammengeführt hat?

Sowohl Paare als auch Familienangehörige brauchen eine klar definierte Zukunft, damit sie die Motivation für das Miteinander in der Familie bekommen. Ihre Beziehung als Paar macht das alles erst möglich.

Grundregel 4:
Die Eltern in einer Patchworkfamilie müssen ein Team sein, in dem jeder seine besonderen Stärken einbringt.

Elternsein im Ozean einer Stieffamilie hat seine besonderen Herausforderungen, sodass die Eltern sich im Synchronschwimmen üben sollten. In den meisten Patchworkfamilien betrifft das zwei Gruppen: den Eltern- und Stiefelternteil innerhalb der Familie und jeweils den zugehörigen Expartner. Im Grunde genommen sollten sich alle Beteiligten als ein Team betrachten – und sich gegenseitig dementsprechend als Teammitglieder anerkennen. Sie müssen es akzeptieren, dass die anderen dabei sind, auch wenn es ihnen persönlich nicht so recht ist, und um der Kinder willen Wege der Zusammenarbeit finden. Für manche Menschen ist es gar nicht so einfach, alle Mitglieder des Elternteams zu tolerieren. Für die Kinder aber hat das Ganze viele Vorteile, zum Beispiel, dass sie eine stabilere Umgebung haben, nicht zwischen irgendwelche Fronten geraten und verlässliche Grenzen erle-

> Stiefeltern, die erst im höheren Alter diese Rolle übernommen haben, versuchen nicht, sich ihren erwachsenen Stiefkindern gegenüber wie Eltern zu verhalten; trotzdem möchten sie eine Beziehung zu ihnen aufbauen und gemeinsam mit ihnen durchs Leben steuern.

ben, um nur ein paar der positiven Aspekte zu nennen.

Die eigenen Stärken einzusetzen, kann zum Beispiel bedeuten, es anzuerkennen, dass ein leiblicher Elternteil, ein Insider also, Grenzen sehr viel wirksamer setzen kann als ein Stiefelternteil, ein Outsider. Andererseits können Stiefeltern, die mehr Abstand zu all dem haben, was im Leben des Kindes passiert ist, manchmal Fragen stellen und das Kind auf eine Weise trösten, wie es leibliche Eltern nicht können. Jede Elternrolle hat also ihre Vor- und Nachteile. Der Trick ist, sich der Stärken der anderen Teammitglieder bewusst zu sein und die Kontrolle ein Stück weit abzugeben, damit die anderen die Rolle übernehmen können, die einem selbst schwerfällt.

Grundregel 5:
Verluste erschweren neue Bindungen und den Aufbau liebevoller Beziehungen – darum sollten wir lernen, richtig zu trauern.

Patchworkfamilien sind aufgrund von Verlusten zustande gekommen, die im Laufe der Zeit bewältigt werden müssen. Doch weil nicht alle denselben Verlust erfahren haben, müssen Familienmitglieder lernen, gemeinsam zu trauern. Zum Beispiel könnte der Verlust, den Kate und ihre drei Kinder erlitten haben, anders sein als der Verlust, den Chris und seine beiden Töchter erlebt haben. Vielleicht waren sie aber auch ähnlich (eine Scheidung zum Beispiel) und wirkten sich nur emotional unterschiedlich stark aus (die eine Scheidung sehr konfliktreich, die andere eher freundschaftlich). Wie auch immer es war, auf jeden Fall ist es zu einem Verlust gekommen und die damit verbundene Trauer ist noch nicht abgeschlossen. Eine neue Ehe setzt der Traurigkeit und den Verletzungen nicht unbedingt ein Ende und mit Sicherheit erspart sie niemandem die großen Umwälzungen, die ein solcher Verlust mit sich bringt. Zum Beispiel ändert sich die Welt grundlegend für Kinder, die vor der Scheidung ihrer Eltern dachten, das Leben sei sicher und vorhersagbar. Jetzt wird ihnen bewusst, dass schlimme Dinge passieren können und auch tatsächlich passieren. Das wiederum erschwert für sie den Aufbau einer Beziehung zu neuen Familienmitgliedern. Kinder, die erlebt haben, dass Mama und Papa sich plötzlich nicht mehr lieben, sind sich danach nicht sicher, ob Liebe wirklich von Dauer sein kann – oder ob die neue Familie Bestand haben wird.

Wenn wir davon ausgehen, dass die Trauer eine starke Unterströmung im Stieffamilien-Ozean bildet, immer knapp unter der Oberfläche alltäglicher Begebenheiten, dann sollten sowohl Eltern als auch Stiefeltern nach Möglichkeiten suchen, wie sie ihren Weg der Trauer offen miteinander teilen können. Um das Wohlergehen des Kindes und den Beziehungsaufbau in der Familie zu fördern, ist es wichtig, dass Eltern die Traurigkeit eines Kindes erkennen (»Du vermisst deine Mama heute, stimmt's?«) und sich auf seine Trauer an besonderen Tagen, Feiertagen und wichtigen Meilensteinen des Lebens einlassen (»Ich weiß, dass es schwer für dich ist, Weihnachten ohne deine Mutter zu feiern.«). Der Kummer darf nicht verdrängt werden. Er wird nur dadurch erträglich, dass wir den Weg gemeinsam gehen.

Grundregel 6:
Geben Sie nicht zu früh auf.

Wenn es in Ihrer Patchworkfamilie hier und da an Liebe und Geborgenheit mangelt, tun Sie einfach das, was möglich ist. Werfen Sie das Gute, das Sie haben, nicht weg und reden Sie es auch nicht klein. Bauen Sie auf das, was gut funktioniert und sich sicher anfühlt, und lernen Sie es zu schätzen. Es mag nicht viel sein, aber lassen Sie dennoch nicht zu, dass die Probleme Ihnen die Freude verderben.

Wenn in zweiter Ehe Verheiratete sich scheiden lassen, dann tun sie das meistens lange bevor sie die ersten Früchte ihrer Bemühungen ernten konnten. Sie geben einfach zu früh auf. So haben wir es zumindest beobachtet. Es mag in Ihrer Familie etwas – oder vielleicht sogar vieles – geben, was Ihnen nicht gefällt, aber werfen Sie deshalb nicht gleich alles weg. Die Scheidungsrate in Patchworkfamilien ist um 10 bis 25 Prozent höher als bei Paaren, die in erster Ehe zusammenleben.[6] Doch das muss nicht so sein. Wir sind überzeugt, dass Stieffamilien, die lernen, ihre Liebe richtig zu äußern, auf ihrem Weg große Fortschritte erzielen können. Dass sie in ihrer Ehe Einigkeit erleben, das Wohl ihrer Kinder fördern und den Teufelskreis der Scheidung auch für die kommenden Generationen durchbrechen können. Wenn es bei Ihnen zu Hause schwierig wird, dann halten Sie an dieser Hoffnung fest. Lernen Sie weiter und wachsen Sie. Seien Sie bereit, noch ein wenig mehr zu opfern und tiefer zu lieben. Die Beharrlichkeit wird sich auszahlen.

Grundregel 7:
Wir lernen, richtig zu lieben, wenn wir unsere Schuld ablegen und die Quelle der Liebe kennenlernen.

Stieffamilien und Schuld – anscheinend ist beides miteinander verwoben. Schuld kann auf einem aktiven Verhalten beruhen wie zum Beispiel auf einem Ehebruch, durch den eine Ehe beendet und bei den Kindern emotionale Verletzungen hinterlassen wurden; sie kann aber auch eine passive Schuld sein, die Menschen empfinden, weil sie von ihrem Expartner verlassen wurden. (Sie selbst haben zwar nicht die Entscheidung zur Trennung getroffen, haben aber den Eindruck, dass sie diese irgendwie hätten verhindern können.) Ein geistliches

Scham- oder Schuldgefühl hinsichtlich einer Vergangenheit, die sich nicht ändern lässt, kann für manche Menschen ebenfalls sehr bedrückend sein, vor allem wenn sie in ihrer Religionsgemeinschaft auf ein verurteilendes Verhalten stoßen. Wegen einer Scheidung vom Abendmahl ausgeschlossen zu werden oder in der Kinderarbeit nicht mitmachen zu dürfen, vermittelt den Betroffenen ununterbrochen den Eindruck, sie seien mit einem Makel behaftet oder unwürdig. Die betreffende Person könnte dann meinen, auch Gott wolle sie auf Distanz halten.

Sich geistlich befleckt oder zweitklassig zu fühlen, hat enorme Auswirkungen auf das seelische und körperliche Wohlbefinden sowie auf die eigenen Beziehungen. Einmal kam nach dem Gottesdienst ein junger Mann auf mich (Ron) zu und stellte mir eine Frage, die mich zutiefst betroffen machte. Er erklärte, die Ehe seiner Eltern sei das Ergebnis einer Affäre, die die beiden miteinander gehabt hatten und durch die ihre jeweilige erste Ehe in die Brüche gegangen war. Zuerst wollte er wissen, ob die Ehe seiner Eltern aus der Sicht der Kirche überhaupt gültig sei, und dann fragte er mich, ob er selbst, der aus dieser Ehe hervorgegangen war, von Gott angenommen werden könne. Ich empfand tiefes Mitgefühl mit ihm und versicherte ihm, dass Gott ihn auf jeden Fall annehme und nicht als mit einem Makel behaftet oder minderwertig betrachte. Dann erklärte ich ihm, dass die Liebe Gottes nicht auf unseren Leistungen beruht, sondern uns umsonst geschenkt wird. Und um seine Frage konkret zu beantworten, fügte ich hinzu, dass Gott uns gerne vergibt, wenn wir ihm ein ungehorsames Verhalten aus der Vergangenheit bekennen (in diesem Fall das der Eltern).

Das Wissen, dass Gott uns freimacht, befreit uns dazu, seine Liebe und Vergebung auch an andere in unserer Familie weiterzugeben. Wir lernen, richtig zu lieben, wenn wir die Quelle der Liebe kennen.

In einer Patchworkfamilie gut zu leben und zu lieben, ist ein langer und oftmals beschwerlicher Weg. Doch wenn wir dabeibleiben, dann gehen wir in die richtige Richtung. Sie wünschen sich »eine gute Mischung« – und die Grundregeln, die wir soeben kennengelernt haben, sind ein erster wichtiger Schritt. Als Nächstes werden wir die fünf Sprachen der Liebe miteinander betrachten und uns fragen, wie Sie diese in *Ihrer* Patchworkfamilie anwenden können.

Sie sind dran

Erstellen Sie eine Liste mit allen Personen aus Ihrer Patchworkfamilie. Denken Sie dabei auch an die erweiterte Familie, zum Beispiel die Großeltern, vielleicht auch an einen leiblichen Elternteil, der nicht bei Ihnen zu Hause wohnt. Welchen Motivationsgrad zu lieben haben die verschiedenen Personen? Wie unterscheiden sich ihre Auffassungen davon, was Liebe in Ihrer Patchworkfamilie bedeutet? Und schließlich: Sprechen Sie mit jemandem darüber, welche der sieben Grundregeln der Liebe Ihre Familie sehr gut befolgt und wo noch Verbesserungsbedarf besteht.

2. Die fünf Sprachen der Liebe

Jeder möchte geliebt werden – und braucht das auch. Und jeder sollte lieben. Hört sich einfach an, oder? Ist es aber nicht. Denn nicht jeder gibt, empfängt und versteht Liebe auf dieselbe Weise. Darum hier eine kurze Einführung in die fünf Sprachen der Liebe. Für manche Leserinnen und Leser wird dies eine Auffrischung sein, für andere ein ganz neues und vielleicht lebensveränderndes Konzept.

Lebensspendende Liebe

Ausgereifte Liebe ist ihrem Wesen nach selbstlos; sie dient und achtet die Bedürfnisse anderer höher als die eigenen. Sie ist bereit, für andere Opfer zu bringen, und möchte ihr Gegenüber zutiefst verstehen. Diese Art von Liebe erfordert Demut, ein bewusstes Verhalten und Selbstdisziplin. Demut, um lernfähig zu bleiben und sich selbst nicht für besser zu halten als die anderen; ein bewusstes Verhalten, um sich sorgfältig zu überlegen, was die andere Person als liebevoll empfindet; Selbstdisziplin, um die eigenen Gedanken und Gefühle unter Kontrolle zu haben und liebevoll zu handeln, vor allem in Zeiten, in denen die Beziehung auf wackeligen Füßen steht.

Wenn Menschen auf diese Weise beständig geliebt werden, dann ist das sowohl für Kinder als auch für Erwachsene lebensspendend. Es fördert unser Selbstwertgefühl, schenkt uns Geborgenheit und Sicherheit und regt uns an, andere ebenfalls auf diese Weise zu lieben. Darum ist es so wichtig, *wie wir lieben*. Eine gut gemeinte Liebe, die am Ziel vorbeischießt, stärkt die Beziehung unter Umständen nicht und vermittelt vielleicht sogar keine Liebe – und eine unbeständige oder unzuverlässige Liebe fördert nicht die Geborgenheit und das Vertrauen, dass die Liebe von Dauer sein wird.[7] Wir müssen also im besten Sinne bewusst handeln, um selbst gut zu lieben und am Ende auch gut geliebt zu werden.

Viele Menschen sind bereits vom Konzept der bewusst handelnden Liebe überzeugt und setzen es auch in die Tat um, nachdem sie verstanden haben, was es mit den fünf Sprachen der Liebe auf sich hat. Wenn Sie eines der Bücher zum Thema *Die fünf Sprachen der Liebe* gelesen haben, dann haben Sie vielleicht auch schon deren einfache, aber tiefgründige Botschaft eingesetzt, um eine Ihrer Beziehungen positiv zu verändern. Wenn Sie jedoch mit den Liebessprachen noch nicht vertraut sind, dann möchten wir Sie ermutigen, eines dieser Bücher zu lesen oder als Hörbuch anzuhören (eine Auswahl finden Sie unter https://www.francke-buch.de/buecher/die-5-sprachen/).

Eine kurze Einführung in die fünf Sprachen der Liebe[8]

Ganz gleich, ob Sie mit den Liebessprachen vertraut sind oder nicht, möchten wir Ihnen einen kurzen Überblick geben, bevor wir diese Sprachen auf die besondere Situation von Patchworkfamilien anwenden. Das stellt sicher, dass wir uns alle auf demselben Stand befinden.

Stellen Sie sich einmal vor, wie schwierig es wäre, sich mit jemandem aus China zu unterhalten, wenn Sie kein Wort Chinesisch könnten und er kein Wort Deutsch oder Englisch. Dann könnten Sie vielleicht Bilder malen oder den Google-Übersetzer benutzen oder Ihre Botschaft pantomimisch darstellen. Wenn Sie jedoch länger und effektiv miteinander kommunizieren möchten, dann müsste zumindest einer von Ihnen beiden die Sprache des anderen erlernen. In *Die fünf Sprachen der Liebe* verwende ich (Gary) das Bild der Fremdsprachen, um meinen Leserinnen und Lesern deutlich zu machen, dass Menschen Liebe auf sehr unterschiedliche Weise wahrnehmen; es ist, als ob sie fünf verschiedene »Sprachen« sprechen beziehungsweise auf diesen Kanälen kommunizieren. Jeder von uns hat zumindest eine Sprache, die ihm das Gefühl der Liebe sehr viel tiefer vermittelt als die anderen Sprachen. Das ist dann unsere »Muttersprache« der Liebe. Und die Sprache, die uns dies auf die zweitbeste Weise vermittelt, ist unsere »Zweitsprache« der Liebe.

Die fünf Sprachen der Liebe sind folgende:

Lob und Anerkennung:

Worte, die Wertschätzung zum Ausdruck bringen.

Einer der »Dialekte« dieser Liebessprache sind Komplimente, die von Herzen kommen. Diese können sich auf das Aussehen eines Menschen beziehen, auf einen Charakterzug von ihm oder auf etwas, das er getan hat. Einige Beispiele: »Das Projekt hast du wirklich gut umgesetzt.« »Ich bin froh, dass du so ehrlich zu mir bist.« »Das Outfit steht dir.«

Ein weiterer Dialekt sind Worte der Ermutigung wie zum Beispiel: »Du hast es schon fast geschafft.« »Wenn du dich weiter so anstrengst, wirst du richtig gut im Basketball.«

Auch lobende Worte sind ein solcher Dialekt. Sie sollten immer auf die »Bemühungen« des anderen ausgerichtet sein, nicht auf »Perfektion«. »Du hast wirklich hart gearbeitet, um das ganze Laub zu beseitigen, und ich bin dir sehr dankbar dafür.«

Diese Liebessprache kann mündlich oder auch schriftlich zum Ausdruck gebracht werden. Es geht darum, die Dinge anzusprechen, die Sie aufrichtig an der anderen Person schätzen. Ein Mensch, dessen Liebessprache »Lob und Ankerkennung« ist, kann durch Beschimpfungen und harte Worte zutiefst verletzt werden.

Zweisamkeit:
Dem anderen meine ungeteilte Aufmerksamkeit schenken.
Hierzu gehören intensive Gespräche, in denen Gedanken, Gefühle, Wünsche oder Ärger ausgetauscht werden. Wichtig dabei ist, dass wir der anderen Person, wenn sie redet, unsere volle Aufmerksamkeit schenken. Wir sehen sie an, nicken und versuchen ihre Sichtweise zu verstehen. Ein weiterer Dialekt dieser Liebessprache sind intensive gemeinsame Erlebnisse: ein Spaziergang im Park, ein gemeinsames Spiel, zusammen einkaufen gehen, in einem sozialen Projekt gemeinsam mitarbeiten. Wichtig ist nicht, *was* wir tun, sondern *warum* wir es tun – weil wir Zeit miteinander verbringen wollen. Ein Mensch, dessen Liebessprache die Zweisamkeit ist, reagiert verletzt, wenn man ihm nur halb zuhört oder abgelenkt ist oder die versprochene gemeinsame Aktivität immer wieder verschiebt.

Geschenke (bzw. das Erhalten von Geschenken):
Dem anderen etwas schenken, das für ihn von Bedeutung ist.
Es kann sich dabei um Geschenke handeln, die man gekauft hat, die man selbst gemacht hat oder die man bei einem Spaziergang gefunden hat. Das Geschenk vermittelt dem anderen: »Ich habe an dich gedacht, als wir nicht zusammen waren.«

Geschenke müssen nicht teuer sein. Es ist vielmehr der Gedanke, der zählt. Die Aufmerksamkeit und die Mühe, die hinter dem Geschenk stehen, sind es, die dem anderen die

Botschaft senden: »Ich liebe dich.« Geschenke als Ausdruck der Liebe sind eine universale Sprache. Für manche Menschen aber sind sie die Muttersprache der Liebe. Eine Person, der Geschenke wichtig sind, kann sehr verletzt sein, wenn ein Geburtstag oder wichtiger Jahrestag vergessen wurde. Sie fühlt sich leer in einer Beziehung, in der es keine greifbaren Zeichen der Liebe gibt. Auch die physische Anwesenheit eines Menschen, der ihr wichtig ist, kann für sie ein Zeichen der Liebe sein und deshalb reagiert sie verletzt, wenn jemand zu einem wichtigen Ereignis nicht auftaucht.

Hilfsbereitschaft:
Etwas tun, um einer anderen Person zu helfen.
In der Ehe wären das Dinge wie kochen, Wäsche waschen, den Hund ausführen, ein Rezept beim Arzt abholen, den Müll rausbringen, den Rasen mähen, dem Baby die Windeln wechseln. Bei Kindern erledigen wir die Dinge für sie, die sie nicht selbst machen können, und bringen ihnen dann bei, wie sie ihrem Alter entsprechend etwas für sich selbst (oder für andere) tun können. Um herauszufinden, welche Tätigkeiten dem anderen wichtig sind, könnte man ihn zum Beispiel fragen: »Wäre es für dich hilfreich, wenn ich die Blumen gießen würde?«

Für Menschen, deren Liebessprache die Hilfsbereitschaft ist, sagen Taten mehr als Worte. Sie reagieren verletzt, wenn andere faul sind, ein Durcheinander hinterlassen, das sie dann aufräumen müssen, oder wenn das Versprechen zu helfen nicht eingelöst wird.

»Meine erwachsenen Stiefkinder brauchen meine Hilfsbereitschaft sowie Lob und Anerkennung. Ich versuche, mit ihnen durch E-Mails, Anrufe und Textnachrichten in Kontakt zu bleiben. Wo immer es geht, versuche ich ihre Familie zu ermutigen und biete an, mich um die Kinder zu kümmern oder im Haushalt mitzuhelfen.«

Zärtlichkeit:
Körperkontakt aufnehmen.
Wir wissen schon seit Langem, dass Berührungen emotional wichtig sind. Deshalb nehmen wir Babys auf den Arm und streicheln sie. Lange bevor das Baby die Bedeutung des Wortes Liebe lernt, fühlt es sich durch zärtliche Berührungen bereits geliebt. Es gibt viele Ausdrucksweisen (Dialekte) der Zärtlichkeit. Ein High Five, ein Schulterklopfen, sich zu jemandem aufs Sofa setzen – das sind relativ einfache Wege, um diese Liebessprache zum Ausdruck zu bringen. Andere Dialekte erfordern mehr Zeit und Mühe, zum Beispiel eine Fuß- oder Rückenmassage. Wieder andere setzen voraus, dass man sich genau überlegt, wie, wann und mit wem man intimere Berührungen austauschen will wie zum Beispiel Umarmungen oder Küsse. Auch spielerische Ringkämpfe können eine Ausdrucksform dieser Liebessprache sein.

Für manche Menschen vermitteln zärtliche Berührungen am deutlichsten die Botschaft »Ich liebe dich«. Ein wütender Klaps oder andere körperliche Misshandlungen verursachen bei ihnen extreme seelische Verletzungen.

All dies sind gleichermaßen gültige Ausdrucksformen der Liebe. Was jedoch für einen Menschen das Gefühl von Liebe vermittelt, muss für jemand anderen nicht unbedingt denselben Effekt bewirken. Wir alle haben eine Muttersprache der Liebe – eine, die uns am tiefsten anspricht. Nur selten sprechen Ehepartner dieselbe Liebessprache. Und wenn Sie drei Kinder haben, könnten diese drei verschiedene Sprachen sprechen.

Von Natur aus neigen wir dazu, unsere Liebe anderen dadurch zu zeigen, dass wir unsere eigene Sprache sprechen (die uns am meisten bedeutet). Das mag für uns zwar aufrichtig sein, aber die andere Person fühlt sich dadurch nicht unbedingt geliebt.

Darum ist es so wichtig, die Liebessprache des anderen zu

erlernen. Es mag vielleicht eine Sprache sein, die uns nicht so sehr liegt oder die wir nicht von klein auf gelernt haben. Aber wenn wir möchten, dass unser Gegenüber sich wirklich von uns geliebt fühlt, dann müssen wir seine Muttersprache der Liebe entdecken und uns darum bemühen, sie ihm gegenüber regelmäßig zu sprechen. Das kostet Zeit und Kraft, aber die positiven Veränderungen, die das in unserer Beziehung bewirkt, sind der Mühe wert. Wenn zwei Menschen dieses Konzept im Umgang miteinander anwenden und jeweils die Liebessprache des anderen sprechen, dann entwickelt sich die Beziehung zum Guten hin.

> Nur selten sprechen Ehepartner dieselbe Liebessprache.

Die fünf Sprachen der Liebe in Patchworkfamilien

Was aber, wenn zwei Menschen in einer Beziehung den Gedanken der Liebessprachen nicht annehmen wollen oder es ihnen nicht wichtig ist, wie gut ihre Beziehung sein könnte, wenn sie die Sprachen richtig anwenden würden? Was geschieht, wenn ein Insider einen Outsider draußen halten will? Oder wenn jemandem ein Mitglied der Stieffamilie sehr am Herzen liegt und er dessen Liebessprache sprechen möchte, dabei aber die Beziehung zu einem anderen Menschen gefährdet, den er ebenfalls liebt und dem gegenüber er loyal sein möchte? Im nächsten Kapitel werden wir uns eingehend mit den Problemen beschäftigen, die in Patchworkfamilien entstehen können, wenn wir die Sprachen der Liebe sprechen, und was wir dagegen tun können. Zunächst aber werden wir uns auf Beziehungen konzentrieren, in denen beide Menschen offen füreinander sind, und uns fragen, wie wir uns dafür bereit machen können, die Sprache des anderen zu sprechen.

Bewusst vorgehen

Wir müssen sehr bewusst vorgehen, wenn wir eine neue Sprache lernen, im Beruf Erfolg haben oder unsere Ernährung umstellen wollen. Genauso ist es auch, wenn wir uns die Liebessprache eines anderen Menschen aneignen. Bewusst Liebende haben ganz bestimmte Eigenschaften. Zum Beispiel achten sie auf sich selbst, wollen vertrauenswürdig sein und bemühen sich darum, den geliebten Menschen zu beobachten und ihn genau kennenzulernen. Zu diesem Kennenlernen gehört auch herauszufinden, wie der andere reagiert, wenn er oder sie sich nicht geliebt oder geborgen fühlt. Wenn Sie Ihr Gegenüber bewusst lieben wollen, dann erlernen Sie die wichtigste und zweitwichtigste Liebessprache dieses Menschen – und bringen Sie Ihre Liebe entsprechend zum Ausdruck.

Interessanterweise entgeht uns aber manchmal das Offensichtliche. In einer Umfrage unter Ehepaaren in Patchworkfamilien, die mit den fünf Sprachen der Liebe vertraut waren, erklärten sechs Prozent, dass sie diese nicht in den Beziehungen bei sich zu Hause anwendeten. Das bedeutet natürlich nicht, dass ihre Familie ihnen nicht wichtig ist; sie hatten ihr Wissen bisher einfach nur nicht bewusst in die Tat umgesetzt. Ich (Ron) habe viele Werkzeuge in meiner Garage, benutze aber meistens nur die, mit denen ich gut vertraut bin, selbst wenn ein anderes Werkzeug für die anstehende Aufgabe sehr viel besser geeignet wäre. (Was für meinen Schwiegervater, einen passionierten Handwerker, den ich sehr respektiere, übrigens ein großes Rätsel ist. Er hat versucht mir zu helfen. Und wie sehr er es versucht hat!)

Nehmen Sie sich doch einmal eine Minute Zeit, um darüber nachzudenken, welche »Werkzeuge« Sie am häufigsten einsetzen. Wenn es um die Beziehung zwischen Ihnen als Paar geht, haben Sie bisher eher versucht, auf Ihren Partner mit freundlichen Worten zuzugehen, oder bevorzugen Sie mehr den indirekten Zugang, in der Hoffnung, dass Sie beide einander dadurch näherkommen? Und wie verhalten Sie sich, wenn es Spannungen zwischen Ihnen gibt: Bewegen Sie sich dann eher auseinander oder aufeinander zu, reden Sie Klartext oder schweigen Sie? Und wie ist es mit den Kindern und/oder Stiefkindern? Welche Werkzeuge setzen Sie hier meistens ein, wenn Sie ihnen helfen möchten, reifer zu werden, oder wenn Sie Ihre Beziehung zu ihnen verbessern wollen? Sich selbst zu beobachten, ist wichtig, denn es könnte ja sein, dass ein anderes Werkzeug direkt vor Ihrer Nase liegt, das viel besser für die vor Ihnen liegende Aufgabe geeignet wäre – es war Ihnen nur noch nicht bewusst, darum haben Sie es noch nicht zur Hand genommen.

Als ich einmal eine Stiefmutter fragte, wie sie ihr Wissen über die Sprachen der Liebe in ihrer Patchworkfamilie anwende, sagte sie zu mir: »Ich habe bisher nicht versucht, die Liebessprachen meiner Stiefkinder zu sprechen. Ich glaube, ich liebe sie einfach nur so, wie ich meine Tochter liebe.« Sie dachte eine Weile nach und fügte dann hinzu: »Vielleicht sollte ich das bewusster versuchen.«

Schauen Sie sich ruhig einmal um. Sie finden vielleicht ganz in der Nähe ein Werkzeug, das sehr nützlich sein könnte.

Am Anfang ist alles leichter …

In jeder Beziehung gibt es Zeiten, in denen es leichter fällt, einander bewusst zu lieben, und Zeiten, in denen es schwieriger ist. Sicher ist Ihnen schon aufgefallen, dass wir zu Beginn einer romantischen Beziehung aus freien Stücken viel liebevoller und freundlicher sind – und auch bereit, Opfer zu bringen. Eine neue romantische Liebe – auch Verliebtheit genannt – fasziniert uns und motiviert uns dazu, Dinge zu tun, die wir sonst nie tun würden. (Vielleicht handeln ja deshalb so viele Songs verschiedenster Genres vom Sich-Verlieben und nicht von längerfristigen Beziehungen.) Aber das macht uns gar nichts aus. Wir nehmen bereitwillig jedes Opfer auf uns, das erforderlich ist, um die Beziehung weiterzuverfolgen. Warum? Weil wir *verliebt* sind.

Ein bewusst liebevolles Verhalten ist leicht, wenn wir verliebt sind, weil unsere Motivation so groß ist. Das Problem ist jedoch, dass die Verliebtheit irgendwann nachlässt und mit ihr auch unsere Motivation. Ein Beispiel: Seit vielen Jahren erkläre ich (Ron) immer wieder scherzhaft, dass Männer, wenn sie verliebt sind, eine Art Jagdverhalten an den Tag legen. Wir haben die Frau gesichtet, die wir eines Tages zu heiraten hoffen, und versuchen dann systematisch ihr Herz zu erobern, bis wir es geschafft haben. Doch sobald sie den Ring am Finger hat, sind wir mit unseren Kräften sozusagen am Ende und strengen uns nicht mehr so sehr an. Stattdessen jagen wir jetzt anderen Dingen nach wie zum Beispiel unserer Karriere und unseren Hobbys oder wir werden zum Computerspiel-Champion.

Die Verliebtheit lässt irgendwann nach und mit ihr auch unsere Motivation.

Das hat natürlich sowohl für den Mann als auch die Frau verheerende Folgen. Vor der Ehe hatte sie das Gefühl, dass er sie über alles liebt (was auch gestimmt hat); sein aufmerksames Verhalten zeigte ihr, wie ernst es ihm ist und welche leidenschaftlichen Gefühle er für sie hegt. Doch nun, da er seine Energie auf andere Ziele ausrichtet, reagiert sie enttäuscht und verletzt. Er wiederum spürt ihre Unzufriedenheit und vielleicht auch ihren Zorn und versteht das Ganze nicht, weil er sie ja in seinem Herzen immer noch genauso liebt wie vorher. Kurz: Die nachlassende Motivation führt zu Verunsicherung und Enttäuschung in der Ehe.

Eine ähnliche Dynamik entwickelt sich, wenn ein Paar mit Kindern aus früheren Beziehungen sich zu daten beginnt. Die beiden lernen einander kennen (und bauen das auf, was ich eine *Paarbeziehung*[9] nenne) und sie lernen vielleicht auch die

Kinder kennen (und arbeiten auf eine *Familienbeziehung* hin). Es kommt jedoch irgendwann der Punkt, an dem sie die eine oder die andere Beziehung für etwas Selbstverständliches halten, meistens ist es die zu den Kindern.

»Ihre Kinder und ich haben uns wirklich gut verstanden, als wir anfingen, miteinander auszugehen«, sagte mir ein Mann. »Keiner von uns beiden rechnete damit, dass sie bei der Hochzeit weinen würden. Doch genau das passierte.«

Ihre Verliebtheit machte die zwei blind für die Kinder. Vielleicht hätten sie schon vor der Hochzeit gewisse Anzeichen wahrnehmen können, doch sie sahen einfach nicht hin.

Die Annahme »weil ich ihre Mama/ihren Papa liebe, werden die Kinder schon noch mit mir warm werden« bewahrheitet sich übrigens nur selten. Kinder (jeder Altersgruppe) haben ihre ganz eigene Meinung dazu, wen sie mögen, und vor allem, wen sie lieben. Erst müssen sie sich geborgen fühlen, bevor sie den neuen Partner annehmen. Denken Sie also nicht, Sie könnten diesen Prozess abkürzen, nur weil Sie den Vater oder die Mutter der Kinder lieben.

Und gehen Sie auch nicht davon aus, dass Ihre »Stiefkinder«, nur weil sie erwachsen sind, keine starken Emotionen hegen, wenn Sie eine Beziehung mit ihrer Mutter/ihrem Vater beginnen oder sie bzw. ihn heiraten.

Ein Mann erklärte einmal ganz naiv: »Mein Stiefsohn ist erwachsen. Ich habe mir daher keine Gedanken darüber gemacht, welche Liebessprache er spricht.«

Manches mag bei erwachsenen Kindern etwas anders erscheinen, aber dennoch müssen auch sie sich emotional umstellen, wenn ihr Vater oder ihre Mutter wieder heiratet, und ihr Leben verändert sich genauso, wie es bei minderjährigen Kindern der Fall ist.

Jede Beziehung, auf die wir Wert legen, erfordert also zu Beginn und im weiteren Verlauf bewusste Bemühungen. Niemals sollten wir von etwas anderem ausgehen.

Wie ist es bei Ihnen? Ist Ihre Motivation schon abgeflaut?

Finden Sie Ihre eigene Liebessprache heraus

Wie bereits erwähnt setzen wir anderen gegenüber meistens instinktiv die Liebessprache ein, die uns selbst am wichtigsten ist. Wir wissen, wie wir sie selbst empfinden, und so gehen wir automatisch davon aus, dass andere sich ebenfalls auf diese Weise von uns geliebt fühlen. Mit anderen Worten: Es kann sein, dass wir es zwar gut meinen, aber unsere Bemühungen trotzdem in die falsche Richtung gehen. Darum ist es so wichtig, dass wir unsere eigene Muttersprache der Liebe (und auch die für uns zweitwichtigste Sprache) herausfinden. Auf diese Weise gelangen wir nicht zu falschen Vermutungen darüber, wie wir dem anderen unsere Liebe vermitteln können.

Candace und ihre Kinder nahmen einander gern in den Arm. Das taten sie viele Male am Tag. Sie umarmten sich praktisch bei jeder Gelegenheit: »Hallo!«, »Tschüss!«, »Oh, das tut mir leid!«, »Wie war dein Tag?«, »Danke!«, »Gute Nacht! Schlaf gut!« Sie umarmten sogar fremde Menschen. Wenn man Candace gefragt hätte, was solche zärtlichen Berührungen ihr bedeuten, dann hätte sie sicherlich gesagt: »Wärme. Zusammengehörigkeit. Und Liebe.«

Darum überrascht es nicht, dass Candace auch ihren Mann und ihre Stiefkinder von Anfang an zärtlich in die Arme schloss. Allerdings waren ihre Stiefkinder nicht sonderlich empfänglich dafür. Sie zuckten eher zusammen, wenn Candace sie umarmen wollte. Candace meinte es zwar gut und wünschte sich aufrichtig, eine intensive Beziehung zu ihrer neuen Familie aufzubauen. Ihre Strategie war jedoch fehlgeleitet, denn sie beruhte auf ihrer eigenen Liebessprache und der ihrer Kinder und nicht auf dem, was ihre Stiefkinder am besten ansprach. Auch ihr Timing war verkehrt. Im nächsten Kapitel werden wir sehen, dass Candace lieber langsamer vorgehen sollte. Denn selbst wenn Zärtlichkeit die Liebessprache von einem ihrer Stiefkinder wäre, so ist eine solche Berührung etwas sehr Intimes und setzt ein starkes Fundament des Vertrauens voraus, bevor sie so aufgenommen wird, wie es beabsichtigt ist.

Wenn wir erkennen, dass unser Gegenüber Liebe anders vermittelt bekommen muss als wir – und wenn wir die Bereitschaft entwickeln wollen, seine Sprache der Liebe zu sprechen –, dann bringt das möglicherweise unseren eigenen Egoismus ans Licht. So war es jedenfalls bei mir (Ron).

Am Anfang unserer Ehe gab ich mir viel Mühe, meine Frau Nan bewusst zu lieben. Ab und zu plante ich einen besonderen Abend oder irgendeine Überraschung, um ihr zu zeigen, wie viel sie mir bedeutete. Meistens kamen diese Versuche gut an, wenn aber nicht, dann war ich eingeschnappt oder verärgert. Irgendwann aber wurde mir klar (und das hat furchtbar lange gedauert), dass ich meine Einstellung verändern musste. Im Grunde genommen vermittelte ich Nan nämlich: »Ich habe mir genau überlegt, wie ich dir meine Liebe zeigen will, und erwarte von dir, dass du damit zufrieden bist. Nicht mehr und nicht weniger. Ich liebe dich auf meine Art und Weise.«

Unserer Meinung nach machen viele Leute denselben Fehler. Wir überlegen uns genau, wie viel Liebe wir weiterzugeben bereit sind und auf welche Weise wir das tun wollen. Und dann bestehen wir darauf, dass niemand mehr von uns erwarten darf. Doch wer als Liebender gereift ist, der lässt sich von der Liebe zeigen, welche Opfer von ihm verlangt werden und welche Sprache er sprechen soll. Wenn wir andere unbedingt auf eine von uns bestimmte Weise lieben wollen, statt ihre Sprache der Liebe zu sprechen, dann werden unsere Bemühungen ins Leere gehen. Unser Gegenüber fühlt sich nicht geliebt. Wir müssen also offen dafür sein, eine Liebessprache zu erlernen, die uns nicht so sehr liegt oder uns nicht natürlich erscheint, wenn wir den anderen erfolgreich lieben wollen.

Kann ich dir vertrauen?

Unsere jahrzehntelange Erfahrung in der Ausbildung von Therapeuten, bei Vorträgen auf Konferenzen und in der Beratung von Patchworkfamilien hat uns gezeigt: Eines der am häufigsten übersehenen und am meisten unterschätzten Bedürfnisse in Beziehungen ist die Vertrauenswürdigkeit. Auf den anderen zählen zu können – ihn als verlässlich, verantwortungsbewusst und zuverlässig zu erleben –, ist eine unumgängliche Voraussetzung.[10]

Wenn Sie schon einmal eine Beziehung zu jemandem hatten, der sich Ihnen gegenüber unbeständig verhielt, bei dem Sie nicht wussten, ob Sie ihm wirklich wichtig waren, oder der seine Versprechen nicht einhielt, dann wissen Sie, wie wichtig Vertrauen ist. Ohne Vertrauen verlieren liebevolle Worte und selbst liebevolle Taten ihre Bedeutung.

Ohne Vertrauen verlieren liebevolle Worte und selbst liebevolle Taten ihre Bedeutung.

Vertrauenswürdig zu sein, bedeutet ganz einfach, dass wir einer Person gegenüber treu und aufrichtig handeln, uns bemühen, die ihr gegebenen Versprechen einzuhalten, auch in Bezug auf die Beziehung. Im Grunde genommen heißt das, dass wir unseren Worten Taten folgen lassen. Das fördert das Gefühl der Geborgenheit in einer Beziehung und das Vertrauen ganz allgemein (wenn es auch keine Garantie dafür ist).

Manche Beziehungen haben eine ganz natürliche Vertrauensgrundlage, andere nicht. Die biologische Verbindung zwischen Eltern und Kindern zum Beispiel beinhaltet automatisch ein gewisses Maß an Vertrauen, weshalb Kinder sich normalerweise der Führung ihrer Eltern anvertrauen und ihnen gern vergeben, wenn sie sich entschuldigen. Das ist auch der Grund, warum wir unseren Kindern in der Regel glauben, wenn sie uns erzählen, auf welche Weise das Fenster von Frau Müller zu Bruch gegangen ist. Man könnte also sagen, dass Vertrauen von Natur aus vorhanden ist, wenn man dieselbe DNA teilt. Eine Mutter mag zum Beispiel in einer Erziehungsfrage anderer Meinung sein als ihr Mann, aber sie würde ihm nicht unterstellen, dass er sein Kind verachtet. Um das von ihm zu denken, müsste sie schon sehr vieles erlebt haben, was diese Befürchtung bestätigen würde.

Worauf wir hinauswollen, ist dies: Wenn wir jemanden als Familienmitglied betrachten, gehen wir gnädiger mit ihm um. In einer Patchworkfamilie entsteht hier jedoch ein Graben. Familienmitglieder, die durch Blutsbande miteinander verbunden sind, vertrauen einander mehr als den Stiefeltern oder Stiefgeschwistern und sind eher bereit, gegenseitig auf ihre Bedürfnisse einzugehen. Sie tolerieren auch eher anstrengende Macken des anderen, vergeben einander, wenn es zu Enttäuschungen kommt, und bemühen sich, eine gestörte Beziehung wieder in Ordnung zu bringen. Mit diesem Unterschied werden wir uns an späterer Stelle im Buch näher auseinandersetzen. Zunächst ist es nur wichtig zu wissen, dass die erste Lösung immer darin besteht, sich vertrauenswürdig zu verhalten, vor allem denjenigen gegenüber, die uns nicht von Natur aus vertrauen. Eine beständige Vertrauenswürdigkeit baut am Ende Vertrauen auf – und bewirkt damit auch die nötige Offenheit, wenn wir die Liebessprache dieser Personen sprechen.

Den Dialekt des anderen lernen

Wie bei jeder Sprache gibt es auch bei den fünf Sprachen der Liebe verschiedene Dialekte. Das zu wissen, hilft uns, die Sprachen der Liebe effektiver anzuwenden. Steve zum Beispiel las das Buch *Die fünf Sprachen der Liebe* in seiner ersten Ehe. Wie sich herausstellte, ist sowohl bei seiner ersten Frau, Audrey, als auch bei seiner zweiten Frau, Laura, Zweisamkeit die Muttersprache der Liebe, aber die beiden sprechen verschiedene Dialekte. Steve kann mit Laura schweigend vor dem Fernseher sitzen und sich gemeinsam mit ihr eine Sendung anschauen. Sie würde das als eine Zeit der intensiven Zweisamkeit betrachten. Für seine erste Frau jedoch hätte es nicht ausgereicht, einfach nur nebeneinanderzusitzen. Sie brauchte direkten Augenkontakt und das Gespräch miteinander, um sich geliebt zu fühlen. Es dauerte eine Weile, bis Steve diesen kleinen Unterschied bei Lauras Dialekt bemerkte, doch dann konnten die beiden das Ergebnis genießen.

Ein Vater erzählte einmal: »Ich wusste, dass die Liebessprache meines elfjährigen Sohnes die Zärtlichkeit ist. Eine Rückenmassage füllte seinen Liebestank sofort auf. Als ich Julie ein paar Jahre nach dem Tod meiner Frau heiratete, sagte sie mir, die Liebessprache ihres zehnjährigen Sohnes sei ebenfalls die Zärtlichkeit. Also dachte ich: »Dann probiere ich es bei ihm auch einmal mit einer Rückenmassage.« Doch als ich es versuchte, wurde klar, dass er das nicht mochte. Ich redete mit Julie darüber und fing dann an, ihm High Fives zu geben und ihm auf die Schulter zu klopfen. Darauf reagierte er stets mit einem Lächeln. Auf diese Weise habe ich gelernt, wie wichtig es ist, den richtigen Dialekt zu sprechen.«

Dialekte findet man oft durch Versuch und Irrtum heraus. Zuerst müssen wir also bei jeder Person in unserer Patchworkfamilie die Muttersprache der Liebe entdecken. Danach sollten wir ausprobieren, mit welchem Dialekt wir diese Sprache am besten zum Ausdruck bringen können.

Kulturelle Unterschiede erkennen

Dass die Sprache des anderen gelernt werden muss, ist in interkulturellen Patchworkfamilien wortwörtlich gemeint. Sprachliche und kulturelle Unterschiede (wie Traditionen, Gepflogenheiten und Rollenerwartungen in der Familie) bedeuten darüber hinaus eine weitere nicht unerhebliche »Sprachbarriere« für manche Patchworkfamilien. Sie können auch dazu führen, dass es Missverständnisse hinsichtlich der Liebessprachen gibt. In manchen Kulturen sind die Menschen geselliger und pflegen mehr Körperkontakt, wenn sie einander begrüßen oder ihre Zuneigung zeigen wollen. Wenn wir dies bei einem Familienmitglied beobachten, bedeutet es nicht unbedingt, dass seine oder ihre Liebessprache die Zärtlichkeit ist. Deshalb sollten wir unsere kulturellen Unterschiede genau kennenlernen und auch unseren Kindern helfen, diese zu verstehen, damit der Aufbau einer Beziehung und die gegenseitige Annahme leichter fallen.

So kann zum Beispiel das Rollenverständnis einer Frau, die aus einer sehr emanzipierten Kultur stammt, ganz anders sein als das ihres Mannes, der in einer männerorientierten Kultur aufgewachsen ist. Sein Verständnis von seiner Rolle als Stiefvater unterscheidet sich möglicherweise grundlegend von dem, was sie darunter versteht (siehe auch Kapitel 5, wo es um die Rolle der Stiefeltern geht). Das bedeutet aber nicht, dass das kulturelle Erbe eines der beiden Partner »falsch« wäre. Es ist jedoch notwendig, dass sie ihre Erwartungen miteinander in Einklang bringen und einen Weg suchen, wie sie ihre Familien zusammenführen können. Wahrscheinlich werden sie viele Gespräche miteinander führen müssen, um eine gemeinsame Basis zu finden.

Kulturell bedingte Erwartungen können sich auch auf andere Angehörige auswirken. Ein Mann berichtete, in seiner irischstämmigen Familie gebe es eine so enge Verbundenheit, dass frühere Verwandte selbst nach einer Scheidung noch als Familienmitglieder betrachtet werden. Diese offenen Grenzen bereiteten seiner neuen Frau jedoch Probleme, denn in ihrer Kultur und Familie ist so etwas undenkbar.

Um mit kulturellen Unterschieden richtig umzugehen und sie von den Sprachen der Liebe unterscheiden zu können, sollten wir mit unseren Kindern rechtzeitig darüber sprechen und ihnen vermitteln, wie sie am besten darauf reagieren sollten. Bevor sie ihre neuen Stiefgroßeltern oder andere Verwandte kennenlernen, könnte man ihnen zum Beispiel erklären, dass diese sich verbeugen, statt die Hand zu geben. Dann sind die Kinder bei der ersten Begegnung weniger verunsichert. Solche Vorabinformationen tragen auch dazu bei, dass Kinder neugierig werden und einen gewissen Respekt vor der Kultur des anderen entwickeln. So öffnen wir ihnen die Tür zu einer guten Beziehung, die nicht von Vorurteilen geprägt ist.

Offensichtliche Unterschiede kann man auch zum Anlass nehmen, um Kinder dafür zu interessieren und ihnen auf unterhaltsame Weise den richtigen Umgang damit zu vermitteln. Man kann sich gemeinsam Familienfotos anschauen, sich über Kleidungsstile unterhalten oder über die Mahlzeiten, die an Feiertagen und bei besonderen Anlässen zubereitet werden. So lernen Kinder etwas über kulturell bedingte Überzeugungen und die Geschichte der Familie. Es macht Spaß, etwas gemeinsam Gekochtes zu essen und zu besprechen, was es zu bedeuten hat.

Die Zusammenführung einer interkulturellen Familie kann es auch erforderlich machen, dass wir unsere eigenen kulturellen Familienmuster hinterfragen und darüber nachdenken, ob diese in unserer neuen Familie immer noch funktionieren. Einer Mutter, die – wie drei Generationen von Müttern vor ihr – zusätzlich auch die Vaterrolle ausgefüllt hat, fällt es möglicherweise nicht leicht, ihren Mann seinen Platz als Stiefvater finden zu lassen. Es geht nicht darum, dass sie ihn nicht in die Familie hineinlassen oder ihn »unterbuttern« will. Es fällt ihr nur schwer, nicht mehr die Rolle zu haben, die sie kennt und von sich selbst erwartet. Bisher mag diese gut funktioniert haben, doch in Zukunft wird sie auch ihrem Mann Raum geben müssen, damit er sich in die Familie einfügen kann.

Wenn ich mich ungeliebt fühle …

In jeder engen Beziehung kommen wir manchmal an einen Punkt, an dem wir uns ungeliebt oder emotional unsicher fühlen. Wie wir mit diesem Gefühl umgehen, ist wichtig, denn unsere Reaktion trägt entweder dazu bei, die Sicherheit zurückzuerlangen oder die Situation zu verschlimmern.

Jedes Mal, wenn Alejandros Frau und seine Stiefkinder sich lustige Begebenheiten aus der Zeit erzählten, bevor er in ihr Leben getreten war, fühlte er sich ausgeschlossen. Manchmal hatte er sogar den Eindruck, als wollten seine Stiefkinder ihn absichtlich daran erinnern, dass er nicht dazugehörte.

Wenn es zu belastenden Situationen wie dieser kommt, haben wir alle bestimmte Verhaltensmuster, die wir anwenden, um damit klarzukommen. Wir ergreifen Maßnahmen, mit denen wir das Geschehene zu bewältigen oder die Umstände zu verändern versuchen, damit wir uns nicht mehr verwundbar oder ungeliebt fühlen.[11] Alejandros Reaktion bestand darin, sich zurückzuziehen, um seine emotionale Sicherheit zurückzugewinnen. Seine Tochter, die immer bereit war, Zeit mit ihrem Vater zu verbringen, bot ihm einen solchen Rückzugsort. Er ging dann zu ihr ins obere Stockwerk und sie spielten zusammen, schauten Filme oder unterhielten sich. Mit der Zeit entwickelte sich ein Muster. Alejandro und seine Tochter vermieden bestimmte Themen, indem sie sich im oberen Stock aufhielten, während seine Frau und die Stiefkinder unten zusammensaßen.

Ist Ihnen bewusst, was Sie normalerweise tun, wenn Sie sich ungeliebt oder emotional unsicher fühlen? Wenn nicht, dann achten Sie einmal darauf. Entwickeln Sie ein Verhalten, das konstruktiv ist: Wenn Sie sich zum Beispiel ausgeschlossen fühlen, dann sollten Sie Ihren Wunsch, mit einbezogen zu werden, freundlich zum Ausdruck bringen (statt es wütend zu tun). Reden Sie geduldig mit den anderen darüber, wie es Ihnen gelingen kann, mehr Zeit miteinander zu verbringen. Ein solches Verhalten führt in der Regel dazu, dass wir gegenseitig Schritte aufeinander zugehen. Eine harte Reaktion dagegen, bei der wir die anderen anklagen, sie schneiden und aus dem Zimmer stürmen, führt eher dazu, dass das Gefühl des Ausgeschlossenseins zunimmt. Ja, wir fühlen uns ungeliebt. Aber wenn wir es durch unsere Reaktion noch schlimmer machen, wird unser Anteil an dem Problem größer. Deshalb müssen wir unseren Part erkennen und auf eine positive Weise angehen.

Authentisch sein

Verkaufen Sie es nur so oder lieben Sie Ihre Frau/Ihren Mann, die Kinder und Stiefkinder aufrichtig? Ein guter Verkäufer erweckt den Eindruck, als wäre er Ihr bester Freund, als würde er sich um Sie kümmern und hätte Ihre Interessen im Blick, während er Sie in Wirklichkeit nur dazu bringen will, Geld auszugeben. Wir können die Sprachen der Liebe missbrauchen, indem wir sie in Manipulationswerkzeuge verwandeln. Davon möchten wir Ihnen dringend abraten. Lassen Sie stattdessen Ihre Bemühungen, die Liebessprache des anderen zu sprechen, aus Ihrem aufrichtigen Herzenswunsch entspringen, für Ihre Familie zu sorgen. Diese Sprache mag Ihnen Mühe bereiten und sich für Sie nicht authentisch anfühlen, weil es nicht Ihre Muttersprache der Liebe ist. Aber genau darum geht es doch: Die eigenen Vorlieben zurückzustellen, um das Herz eines anderen Menschen zu erreichen, ist ein aufrichtiger Akt der Liebe.

Was können Sie aber tun, wenn Sie Ihre Liebe zu einem neuen Mitglied Ihrer Stieffamilie wachsen lassen wollen, aber noch keine Gefühle für diese Person haben? Liebestaten gehen dem Gefühl der Liebe oftmals voraus. Schon seit Jahrzehnten beobachten wir, wie Stiefeltern sich selbstlos dazu entschließen, ein Kind zu lieben, das ihnen gegenüber verschlossen ist. Angesichts dessen, was ihnen wie Ablehnung vorkommt, treffen sie die Entscheidung für die Liebe. Und diese Art von Liebe kann beide Seiten anstecken. Auch wenn eine Stiefmutter oder ein Stiefvater anfangs kein Gefühl der Liebe hegen, entwickelt sich dieses normalerweise nach und nach, wenn sie die Initiative zu lieben ergreifen. Und bei dem Kind ist es häufig ebenso.

»Wir haben insgesamt fünf Kinder. Es hat Jahre gedauert, aber inzwischen verstehe ich ihre unterschiedlichen Persönlichkeiten und wie Gott jedes einzelne von ihnen geschaffen hat. Sie alle sind einzigartig und jedes trägt etwas Wunderbares zu unserer Patchworkfamilie bei. Mir würde viel von der Freude und dem Segen fehlen, den sie in unser Leben bringen, wenn auch nur eines von ihnen nicht da wäre.«

Es ist nicht immer selbstverständlich, dass wir jedes Mitglied einer Patchworkfamilie lieben. Seien wir ehrlich: Manche Menschen sind leichter zu lieben als andere und bei manchen kostet es eine bewusste Anstrengung. In jedem Fall aber ist die Entscheidung zu lieben ein echter Anfangspunkt, der beide Personen dazu bewegen kann, es schlussendlich zu tun. Die

Sprache der Liebe des anderen zu entdecken und damit zu beginnen, ihn auf diese Weise zu lieben, ist ein wichtiger erster – und auch weiterhin immer wieder zu gehender – Schritt.

Weise und geduldig lieben

Patchworkfamilien sehen anders aus und funktionieren auch anders als biologische Familien. Doch die gute Nachricht ist: Wenn sich ihre Mitglieder nach einiger Zeit miteinander verbinden und eine gemeinsame Identität entwickeln, dann fühlt sich auch eine Patchworkfamilie irgendwann wie eine leibliche Familie an und funktioniert auch so. Was in der Zwischenzeit passiert – was wir die »Integrationsjahre« nennen –, kann über die Zukunft einer Familie entscheiden. Am Anfang führt die Insider-Outsider-Dynamik zu einem Stillstand, der schwer zu überwinden ist, vor allem wenn, wie wir an früherer Stelle bereits festgestellt haben, ein Mitglied der Stieffamilie nicht daran interessiert ist, einem anderen Mitglied Liebe zu schenken oder sie von ihm zu empfangen.

»Ich zögere immer noch, die Sprachen der Liebe einzusetzen, weil wir erst seit ein paar Monaten verheiratet sind«, gestand uns einmal ein Stiefelternteil. »Die Jungs wollen sich mir immer noch nicht annähern.«

Wir sind jedoch überzeugt: Eine Liebe, die genau ins Herz des anderen trifft (was die Grundfunktion der fünf Liebessprachen ist), kombiniert mit den bewährten Grundsätzen von *Smart Stepfamilies,* kann Ihnen dabei helfen, diesen Stillstand zu überwinden. Der Aufbau einer gesunden Bindung, ein weises Verhalten als Stiefmutter/Stiefvater, realistische Erwartungen und eine geduldige Liebe – all dies baut Brücken, mit denen sich Gräben überwinden und sogar Herzen miteinander verbinden lassen. Es ist wichtig zu wissen, wann man ein Kind mit seiner Muttersprache der Liebe ansprechen soll und *wann nicht.*

Das führt uns zu Kapitel 3, in dem es darum geht, was wir tun können, wenn unsere Liebe Konflikten standhalten muss.

Erstellen Sie ein Profil

Bevor Sie weiterlesen, ist es jetzt an der Zeit, Ihre Muttersprache der Liebe sowie die Ihres Mannes/Ihrer Frau und Ihrer weiteren Familienmitglieder herauszufinden. Denken Sie daran, dass alle davon profitieren, sämtliche Sprachen der Liebe zu empfangen und weiterzugeben. Wenn Sie jedoch die wichtigste und zweitwichtigste Liebessprache Ihrer Angehörigen kennen, hilft Ihnen das, zu einem Menschen zu werden, der in der Liebe gereift ist und genau weiß, was er tut. Auf den folgenden Seiten finden Sie das »Fünf-Sprachen-der-Liebe-Profil« für Paare (für sie und für ihn), für Jugendliche und für Kinder. Wir schlagen vor, dass Sie und Ihre Kinder sich die Zeit nehmen, dieses Profil jeweils für sich zu erstellen, bevor Sie mit der Lektüre des Buches fortfahren. Ihre Kinder werden ihr eigenes Profil sogar mehrfach erstellen, nämlich in Bezug auf ihren leiblichen Vater oder ihre Mutter und gegebenenfalls auch auf ihren Stiefvater oder ihre Stiefmutter. Das bietet Ihnen die Gelegenheit herauszufinden, ob die Kinder von den verschiedenen Erwachsenen auf unterschiedliche Weise Liebe empfangen möchten. Im nächsten Kapitel finden Sie hierzu weitere Hinweise. Sollten Ihre Kinder nicht bereit oder nicht in der Lage sein, den Test zu machen, erhalten Sie am Ende von Kapitel 5 Tipps, wie Sie die Liebessprache Ihres Kindes herausfinden können.

Das »Fünf-Sprachen-der-Liebe-Profil« für Paare

Im Folgenden finden Sie dreißig Aussagenpaare vor. Bitte kreisen Sie jeweils den Buchstaben neben der Aussage ein, die Ihnen für Ihre Beziehung am zutreffendsten erscheint. Es kann sein, dass Ihrer Ansicht nach beide Aussagen Ihre Situation beschreiben oder auch keine davon. Wählen Sie dann einfach diejenige, die Ihnen zumindest dem Wesen nach am meisten bedeuten würde oder in den häufigsten Situationen zutrifft. Nehmen Sie sich ruhig 10 bis 15 Minuten Zeit, um Ihr Profil zu erstellen. Wählen Sie dazu einen Zeitpunkt, an dem Sie entspannt sind, und gehen Sie den Test nicht zu schnell durch. Wenn Sie den Fragebogen lieber mithilfe einer kostenlosen Online-Version (Aussagen auf Englisch) ausfüllen möchten, dann besuchen Sie dazu die Website 5lovelanguages.com.

Was von beidem bedeutet mir mehr?

1	➤ Ich bekomme ohne besonderen Anlass von meinem/r Partner/in eine liebevolle Notiz oder Nachricht.	A
	➤ Wir umarmen uns.	E
2	➤ Ich kann Zeit allein mit meinem/r Partner/in verbringen – nur wir beide.	B
	➤ Mein/e Partner/in tut etwas Praktisches, um mir zu helfen.	D
3	➤ Mein/e Partner/in schenkt mir eine Kleinigkeit als Zeichen unserer Liebe.	C
	➤ Ich kann ungestört freie Zeit mit meinem/r Partner/in verbringen.	B

4	➤ Mein/e Partner/in überrascht mich mit etwas, zum Beispiel damit, dass er/sie mein Auto für mich getankt oder die Wäsche gewaschen hat.	D
	➤ Mein/e Partner/in und ich berühren uns zärtlich.	E
5	➤ Mein/e Partner/in legt in der Öffentlichkeit den Arm um mich.	E
	➤ Mein/e Partner/in überrascht mich mit einem Geschenk.	C
6	➤ Ich kann mit meinem Partner zusammen sein, auch wenn wir nichts Besonderes machen.	B
	➤ Mein/e Partner/in hält meine Hand.	E
7	➤ Mein/e Partner/in schenkt mir etwas.	C
	➤ Mein/e Partner/in sagt mir, dass er/sie mich liebt.	A
8	➤ Ich sitze dicht bei meinem Partner.	E
	➤ Mein/e Partner/in macht mir ohne besonderen Anlass ein Kompliment.	A
9	➤ Ich kann mich gemeinsam mit meinem/r Partner/in entspannen.	B
	➤ Ich erhalte unerwartet kleine Geschenke von meinem/r Partner/in.	C
10	➤ Mein/e Partner/in sagt mir, dass er oder sie stolz auf mich ist.	A
	➤ Mein/e Partner/in hilft mir bei einer Aufgabe.	D
11	➤ Ich kann etwas mit meinem/r Partner/in unternehmen.	B
	➤ Ich höre ermutigende Worte von meinem/r Partner/in.	A

12	➤ Mein/e Partner/in tut etwas Schönes für mich, statt nur darüber zu reden.	D
	➤ Ich fühle mich mit meinem/r Partner/in verbunden, weil er oder sie mich in den Arm nimmt.	E
13	➤ Ich bekomme ein Lob von meinem/r Partner/in.	A
	➤ Mein/e Partner/in gibt mir etwas, das mir zeigt, dass er/sie an mich gedacht hat.	C
14	➤ Ich kann einfach nur mit meinem/r Partner/in zusammen sein.	B
	➤ Ich bekomme eine Rückenmassage von meinem/r Partner/in.	E
15	➤ Mein/e Partner/in reagiert positiv auf etwas, das ich erledigt habe.	A
	➤ Mein/e Partner/in tut etwas für mich, obwohl es ihm/ihr nicht besonders leichtfällt.	D
16	➤ Wir beide küssen uns häufig.	E
	➤ Ich spüre, dass mein/e Partner/in sich für die Dinge interessiert, die mir wichtig sind.	B
17	➤ Mein/e Partner/in hilft mir bei einem besonderen Projekt, das ich bewältigen muss.	D
	➤ Mein/e Partner/in schenkt mir etwas ganz Besonderes.	C
18	➤ Mein/e Partner/in macht mir ein Kompliment für mein Aussehen.	A
	➤ Mein/e Partner/in nimmt sich Zeit, um mir zuzuhören, und er/sie versteht meine Gefühle wirklich.	B

19	➤ Mein/e Partner/in und ich berühren uns liebevoll in der Öffentlichkeit.	E
	➤ Mein/e Partner/in bietet mir an, eine Besorgung für mich zu machen.	D
20	➤ Mein/e Partner/in tut ein bisschen mehr als nur das, was wir vereinbart haben (im Haushalt, bei der Arbeit usw.).	D
	➤ Ich bekomme ein Geschenk, das mein/e Partner/in sehr sorgfältig ausgewählt hat.	C
21	➤ Mein/e Partner/in checkt nicht sein/ihr Smartphone, während wir uns unterhalten.	B
	➤ Mein/e Partner/in gibt sich viel Mühe, mich zu entlasten.	D
22	➤ Ich freue mich auf einen Festtag, weil ich dann ein besonderes Geschenk bekomme.	C
	➤ Mein/e Partner/in sagt mir, wie wichtig ich für ihn/sie bin.	A
23	➤ Mein/e Partner/in bringt mir von einer Reise, die er/sie ohne mich unternommen hat, etwas mit.	C
	➤ Mein/e Partner/in übernimmt eine Aufgabe, für die eigentlich ich verantwortlich wäre, die ich aber nicht erledigen kann, weil ich gestresst bin.	D
24	➤ Mein/e Partner/in unterbricht mich nicht, wenn ich rede.	B
	➤ Sich gegenseitig Geschenke zu machen, ist für unsere Beziehung wichtig.	C

25	➤ Mein/e Partner/in hilft mir, wenn er/sie merkt, dass ich müde bin.	D
	➤ Ich kann mit meinem/r Partner/in zusammen etwas unternehmen.	B
26	➤ Wir beide sind intim miteinander.	E
	➤ Mein/e Partner/in bringt mir an einem ganz normalen Tag von unterwegs eine Kleinigkeit mit.	C
27	➤ Mein/e Partner/in sagt mir etwas Ermutigendes.	A
	➤ Ich kann bei einem gemeinsamen Hobby oder einer Aktivität Zeit mit meinem/r Partner/in verbringen.	B
28	➤ Mein/e Partner/in überrascht mich mit einem kleinen Zeichen der Anerkennung.	C
	➤ Wir beide berühren uns auch im Alltag häufig zärtlich.	E
29	➤ Mein/e Partner/in hilft mir, obwohl er/sie selbst viel zu tun hat.	D
	➤ Mein/e Partner/in sagt mir ganz bewusst, wie sehr er/sie mich schätzt.	A
30	➤ Wir beide begrüßen uns mit einer Umarmung, wenn wir eine Weile getrennt waren.	E
	➤ Mein/e Partner/in sagt mir, wie viel ich ihm/ihr bedeute.	A

Nun gehen Sie die Aussagen noch einmal durch und zählen Sie, wie oft Sie den jeweiligen Buchstaben gewählt haben. Tragen Sie die Anzahl beim Ergebnis ein:

Ergebnis

A: ____ B: ____ C: ____ D: ____ E: ____

A = Lob und Anerkennung
B = Zweisamkeit
C = Geschenke
D = Hilfsbereitschaft
E = Zärtlichkeit

Welche Liebessprache hat von Ihnen die meisten Punkte bekommen? Das ist Ihre Muttersprache der Liebe. Wenn die Punktezahl bei zwei Liebessprachen gleich ist, dann sind Sie sozusagen »bilingual« und haben zwei Muttersprachen der Liebe. Und wenn es bei Ihnen so eine »Zweitsprache« gibt oder eine, die nach Punkten dicht hinter Ihrer Muttersprache liegt, dann bedeutet das, dass beide Ausdrucksformen der Liebe für Sie wichtig sind. Die höchstmögliche Punktezahl für eine der Liebessprachen ist 12.

Das »Fünf Sprachen der Liebe«-Profil für Jugendliche

Im Folgenden findest du dreißig Aussagenpaare vor. Sie beschreiben Dinge, die deine Eltern oder dein/e Stiefvater/-mutter für dich tun oder die sie zu dir sagen könnten, um dir ihre Liebe zu zeigen. Kreise in den Spalten, die auf deine Situation zutreffen, den Buchstaben neben der Aussage ein, die dir besser gefällt. Es kann sein, dass du manchmal beide Aussagen gut findest. Wähle dann aber trotzdem nur eine davon aus. Nimm dir ruhig 10 bis 15 Minuten Zeit, um dein Profil zu erstellen. Wähle dazu einen Zeitpunkt, an dem du entspannt bist, und geh den Test nicht zu schnell durch. Wenn du fertig bist, zähle, wie oft du den jeweiligen Buchstaben gewählt hast, und trage die Ergebnisse am Ende des Tests ein. Wenn du willst, kannst du den Test auch online durchführen (auf Englisch) unter 5lovelanguages.com.

	Er/sie ...	Vater	Mutter	Stief-vater	Stief-mutter
1	... fragt mich nach meiner Meinung.	A	A	A	A
	... legt mir den Arm um die Schultern.	E	E	E	E
2	... kommt zu meinen Sportveranstal-tungen, zu Aufführungen usw.	B	B	B	B
	... wäscht meine Wäsche.	D	D	D	D
3	... kauft mir Kleidung.	C	C	C	C
	... schaut mit mir einen Film an.	D	D	D	D
4	... hilft mir bei Schulprojekten.	D	D	D	D
	... umarmt mich.	E	E	E	E
5	... gibt mir einen Kuss auf die Wange.	E	E	E	E
	... schenkt mir Geld für Sachen, die ich brauche.	C	C	C	C

	Er/sie ...	Vater	Mutter	Stief-vater	Stief-mutter
6	... nimmt sich extra frei, um etwas mit mir zu unternehmen.	B	B	B	B
	... massiert mir die Schultern oder den Rücken.	E	E	E	E
7	... schenkt mir etwas Cooles zum Geburtstag.	C	C	C	C
	... macht mir Mut, wenn ich etwas vermasselt habe.	A	A	A	A
8	... und ich geben uns High Fives.	E	E	E	E
	... respektiert meine Meinung.	A	A	A	A
9	... geht mit mir essen oder shoppen.	B	B	B	B
	... leiht mir seine/ihre Sachen aus.	C	C	C	C
10	... sagt mir, dass ich die beste Tochter/der beste Sohn auf der Welt bin.	A	A	A	A
	... fährt mich, wenn ich irgendwohin muss.	D	D	D	D
11	... isst mindestens einmal am Tag mit mir gemeinsam.	B	B	B	B
	... hört mir zu und hilft mir, wenn ich Probleme habe.	A	A	A	A
12	... respektiert meine Privatsphäre.	D	D	D	D
	... hält meine Hand oder drückt sie.	E	E	E	E
13	... schreibt mir ermutigende Nachrichten.	A	A	A	A
	... weiß, wo ich am liebsten shoppe.	C	C	C	C
14	... und ich entspannen manchmal zusammen.	B	B	B	B
	... setzt sich neben mich aufs Sofa.	E	E	E	E
15	... lässt mich wissen, dass er/sie stolz auf mich ist.	A	A	A	A
	... kocht für mich.	D	D	D	D
16	... rückt meinen Kragen oder meine Halskette zurecht.	E	E	E	E
	... interessiert sich für Dinge, die mich interessieren.	B	B	B	B

	Er/sie …	Vater	Mutter	Stief-vater	Stief-mutter
17	… erlaubt mir, dass ich meine Freunde mit nach Hause bringe.	D	D	D	D
	… bezahlt Klassenfahrten oder Freizeiten für mich.	C	C	C	C
18	… sagt mir, dass ich gut aussehe.	A	A	A	A
	… hört mir zu, ohne mich zu kritisieren.	B	B	B	B
19	… streichelt mir über den Kopf.	E	E	E	E
	… lässt mich manchmal aussuchen, wohin wir in Urlaub fahren.	D	D	D	D
20	… fährt mich zu Arztterminen.	D	D	D	D
	… vertraut mir, wenn ich allein zu Hause bin.	C	C	C	C
21	… nimmt mich auf Reisen mit.	B	B	B	B
	… fährt mich und meine Freunde zum Kino, zu Konzerten usw.	D	D	D	D
22	… schenkt mir Sachen, die mir wirklich gefallen.	C	C	C	C
	… bemerkt es, wenn ich etwas gut gemacht habe.	A	A	A	A
23	… schenkt mir manchmal zusätzliches Taschengeld.	C	C	C	C
	… fragt mich, ob ich Hilfe brauche.	D	D	D	D
24	… unterbricht mich nicht, wenn ich rede.	B	B	B	B
	… freut sich über Geschenke von mir.	C	C	C	C
25	… lässt mich manchmal morgens ausschlafen.	D	D	D	D
	… scheint es zu genießen, wenn wir Zeit gemeinsam verbringen.	B	B	B	B
26	… klopft mir auf die Schulter.	E	E	E	E
	… kauft mir Überraschungsgeschenke.	C	C	C	C
27	… sagt mir, dass er/sie mir etwas zutraut.	A	A	A	A
	… und ich halten auch lange Autofahrten miteinander aus.	B	B	B	B

	Er/sie ...	Vater	Mutter	Stief-vater	Stief-mutter
28	... bringt mir etwas vom Einkaufen mit, das ich brauche.	C	C	C	C
	... streicht mir manchmal über die Wange.	E	E	E	E
29	... lässt mir Freiraum, wenn ich traurig oder wütend bin.	D	D	D	D
	... sagt mir, ich sei talentiert oder jemand ganz Besonderes.	A	A	A	A
30	... gibt mir mindestens einmal am Tag einen Kuss.	E	E	E	E
	... sagt mir, er/sie sei sehr dankbar, dass ich sein/ihr Kind bin.	A	A	A	A

Geh nun die Aussagen noch einmal durch und zähle, wie oft du den jeweiligen Buchstaben gewählt hast. Trage die Anzahl hier ein:

Ergebnis für Vater
A: ____ Lob und Anerkennung
B: ____ Zweisamkeit
C: ____ Geschenke
D: ____ Hilfsbereitschaft
E: ____ Zärtlichkeit

Ergebnis für Mutter
A: ____ Lob und Anerkennung
B: ____ Zweisamkeit
C: ____ Geschenke
D: ____ Hilfsbereitschaft
E: ____ Zärtlichkeit

Ergebnis für Stiefvater
A: ____ Lob und Anerkennung
B: ____ Zweisamkeit
C: ____ Geschenke
D: ____ Hilfsbereitschaft
E: ____ Zärtlichkeit

Ergebnis für Stiefmutter
A: ____ Lob und Anerkennung
B: ____ Zweisamkeit
C: ____ Geschenke
D: ____ Hilfsbereitschaft
E: ____ Zärtlichkeit

Welche Liebessprache hat von dir die meisten Punkte bekommen? Das ist deine Muttersprache der Liebe. Wenn die Punktezahl bei zwei Liebessprachen gleich ist, dann bist du sozusagen »bilingual« und hast zwei Muttersprachen der Liebe. Und wenn es bei dir eine zweitwichtigste Sprache gibt oder eine, die nach Punkten dicht hinter deiner Muttersprache liegt, dann bedeutet das, dass beide Ausdrucksformen der Liebe für dich wichtig sind. Die höchstmögliche Punktezahl für eine der Liebessprachen ist 12.

Das »Fünf Sprachen der Liebe«-Rätselspiel für Kinder

So geht es:
In jedem Kasten stehen zwei Sätze, die Eltern manchmal zu ihren Kindern sagen. **Lies dir jeden Kasten durch und wähle dann zwischen den zwei Sätzen immer den aus, der dir besser gefällt und den du gern von deinem Vater oder deiner Mutter hören würdest.** Kreise den Buchstaben ein, der neben diesem Satz steht. Wichtig: Markiere in jedem Kasten immer nur einen der beiden Buchstaben! Wenn du mit allen 20 Kästen fertig bist, schau noch mal alles an und zähle, wie oft du A, B, C, D oder E gewählt hast. Schreibe die Anzahl in die Übersicht am Ende des Spiels. Bitte deine Mutter oder deinen Vater um Hilfe, wenn du Fragen hast. Viel Spaß!

	Er/sie ...	Papa	Mama	Stief-papa	Stief-mama
1	Ich möchte dich gern umarmen!	A	A	A	A
	Du bist einfach super!	B	B	B	B
2	Ich habe ein ganz besonderes Geschenk für dich.	C	C	C	C
	Ich helfe dir bei deiner Aufgabe.	D	D	D	D
3	Wollen wir zusammen ins Kino gehen?	E	E	E	E
	Gib mir fünf!	A	A	A	A
4	Du bist wirklich schlau!	B	B	B	B
	Hast du schon Wünsche für Weihnachten?	C	C	C	C
5	Hilfst du mir beim Kochen?	D	D	D	D
	Ich unternehme gern was Lustiges mit dir!	E	E	E	E
6	Gib mir einen Kuss!	A	A	A	A
	Du bist meine Nummer 1!	B	B	B	B

	Er/sie ...	Papa	Mama	Stief-papa	Stief-mama
7	Ich habe eine Überraschung für dich.	C	C	C	C
	Wir könnten morgen was richtig Cooles unternehmen.	D	D	D	D
8	Wollen wir uns zusammen einen Film anschauen?	E	E	E	E
	Ich habe dich! Jetzt lasse ich dich nicht mehr los!	A	A	A	A
9	Das hast du richtig gut gemacht!	B	B	B	B
	Du hast dir eine besondere Belohnung verdient!	C	C	C	C
10	Möchtest du ein paar Freunde einladen?	D	D	D	D
	Lass uns zusammen in unser Lieblingsrestaurant gehen.	E	E	E	E
11	Jetzt muss ich dich aber mal so richtig fest umarmen!	A	A	A	A
	Du bist toll!	B	B	B	B
12	Ich habe dein Lieblingsessen gekocht.	C	C	C	C
	Ich habe mir deine Hausaufgaben angeschaut; das hast du wirklich super gemacht.	D	D	D	D
13	Es macht Spaß mit dir!	E	E	E	E
	Ich fange dich!	A	A	A	A
14	Super, du hast es geschafft!	B	B	B	B
	Schau mal unter deinem Bett nach – da liegt eine Überraschung.	C	C	C	C
15	Ich habe dein Zimmer für dich aufgeräumt.	D	D	D	D
	Lass uns zusammen ein Spiel machen.	E	E	E	E
16	Soll ich dir mal den Rücken massieren?	A	A	A	A
	Das schaffst du! Gib nicht auf!	B	B	B	B
17	Was wünschst du dir zum Geburtstag?	C	C	C	C
	Wir können deinen Freund/deine Freundin ins Kino mitnehmen.	D	D	D	D

	Er/sie ...	Papa	Mama	Stief-papa	Stief-mama
18	Ich unternehme gern was mit dir.	E	E	E	E
	Ich nehme dich so gern in den Arm!	A	A	A	A
19	Woher weißt du, wie man das macht? Du bist ja genial!	B	B	B	B
	Ich kann es kaum erwarten, dir dein Geschenk zu geben!	C	C	C	C
20	Mach dir keine Sorgen, ich hole dich rechtzeitig ab.	D	D	D	D
	Heute kannst du dir aussuchen, was wir zusammen machen.	E	E	E	E

A

- Wie oft hast du bei deinem Papa ein A eingekreist? ____
- Wie oft bei deiner Mama? ____
- Wie oft bei deinem Stiefpapa? ____
- Wie oft bei deiner Stiefmama? ____

A steht für Zärtlichkeit. Menschen mit der Liebessprache der Zärtlichkeit mögen es, wenn sie umarmt werden, einen Kuss bekommen oder wenn jemand ihnen einen High Five gibt.

B

- Wie oft hast du bei deinem Papa ein B eingekreist? ____
- Wie oft bei deiner Mama? ____
- Wie oft bei deinem Stiefpapa? ____
- Wie oft bei deiner Stiefmama? ____

B steht für Lob und Anerkennung. Menschen, die diese Liebessprache haben, mögen es, wenn man ihnen sagt, dass sie jemand Besonderes für einen sind oder dass sie etwas gut gemacht haben.

C

- Wie oft hast du bei deinem Papa ein C eingekreist? ____
- Wie oft bei deiner Mama? ____
- Wie oft bei deinem Stiefpapa? ____
- Wie oft bei deiner Stiefmama? ____

C steht für Geschenke. Menschen mit dieser Liebessprache fühlen sich gut, wenn sie ein besonderes Geschenk oder eine Überraschung bekommen.

D

- Wie oft hast du bei deinem Papa ein D eingekreist? ____
- Wie oft bei deiner Mama? ____
- Wie oft bei deinem Stiefpapa? ____
- Wie oft bei deiner Stiefmama? ____

D steht für Hilfsbereitschaft. Menschen mit der Liebessprache der Hilfsbereitschaft freuen sich, wenn andere ihnen etwas Gutes tun, ihnen zum Beispiel bei Aufgaben helfen, sie bei Schularbeiten unterstützen oder sie irgendwohin fahren.

E

- Wie oft hast du bei deinem Papa ein E eingekreist? ____
- Wie oft bei deiner Mama? ____
- Wie oft bei deinem Stiefpapa? ____
- Wie oft bei deiner Stiefmama? ____

E steht für Zweisamkeit. Menschen mit dieser Liebessprache mögen es, wenn andere etwas mit ihnen zusammen unternehmen, wie zum Beispiel etwas spielen, einen Film schauen oder zu einem Sportwettkampf fahren.

Auflösung des »Sprachen der Liebe«-Rätsels:

Schau dir deinen Punktestand an. Der Buchstabe, der die höchste Punktezahl bekommen hat, gehört zu deiner Muttersprache der Liebe – das ist die Art, wie du gern Liebe von anderen bekommen möchtest. Das bedeutet nicht, dass die anderen Sprachen nicht wichtig sind, sondern nur, dass das deine Lieblingssprache ist.

Herzlichen Glückwunsch!

Du hast das Liebessprachen-Rätselspiel gelöst und deine Sprache der Liebe entdeckt. Gut gemacht! Bitte erzähl auch deinen Eltern, was du herausgefunden hast.

3. Wenn die Liebe in Konflikt gerät

Wir haben nun schon viel darüber gesagt, wie die Liebe in einer Patchworkfamilie gefördert werden kann und was die fünf Sprachen der Liebe dazu beitragen können. Nun aber sollten wir uns intensiver mit einem Problem beschäftigen, das man mit den Schlagworten »Konkurrenz« und »Konflikt« bezeichnen könnte.

»Wen liebst du mehr?«

Die Beziehungen in einer Patchworkfamilie führen unweigerlich zu Loyalitätskonflikten – oder vielleicht besser gesagt: zu *Liebes*konflikten. »Werde ich immer noch geliebt?« »Wen liebst du mehr – deine/n Partner/in, deine Kinder oder mich?« »Was gefällt dir besser, dein altes Leben oder *unser* neues?« Wenn solche Fragen im Raum stehen, ist das Ergebnis ein Gegeneinander von konkurrierenden Beziehungen. Jeder kämpft darum, jemandem – jedoch nicht unbedingt allen – wichtig zu sein.

Angelas Muttersprache der Liebe ist die Zweisamkeit und bei ihren zwei jüngsten Kindern ist es genauso. Folglich schenkte sie den beiden viel Zeit und Aufmerksamkeit, vor allem in der Zeit nach ihrer Scheidung. Ein schlichtes Abendritual – sich zusammen ins Bett zu kuscheln und über den vergangenen Tag zu reden – erhielt immense Bedeutung, nachdem Angela alleinerziehend geworden war. Für sie und ihre Kinder war dies der wichtigste Anknüpfungspunkt, der ihnen half, gemeinsam zu trauern und sich umeinander zu kümmern. An mehreren Abenden in der Woche verbrachten sie mindestens dreißig Minuten, oft sogar bis zu anderthalb Stunden damit, ihre Gefühle miteinander zu teilen, sich Geschichten zu erzählen und einander zu trösten.

Was für sie und ihre Kinder eine Quelle des Trostes war, wurde nach ihrer Hochzeit mit Anthony jedoch zu einer Quelle der Konkurrenz und des Konfliktes.

Anthony, alleinerziehender Vater eines Mädchens und eines Jungen, war von seiner ersten Frau praktisch ohne Vorwarnung verlassen worden. Sie ging eines Tages einfach weg. Vier Jahre lang kümmerte sich Anthony um alles, da seine Kinder ihre Mutter kaum zu sehen bekamen.

Als Angela und Anthony einander kennenlernten, ging für beide ein Traum in Erfüllung. Sie hatten viele gemeinsame Interessen und Werte und sahen im jeweils anderen genau den Stiefvater bzw. die Stiefmutter, die ihre Kinder brauchten. In der Zeit, in der die Beziehung der beiden noch ganz frisch war, erhielt Angela viel Zuwendung von Anthony, vor allem wenn ihre Kinder für ein paar Tage bei ihrem Vater waren. Und Anthony, dessen Muttersprache der Liebe Lob und Anerkennung ist, bekam von Angela viele positive Botschaften, denn sie respektierte ihn als fürsorglichen Vater und als Manager eines Unternehmens.

Als die beiden Familien nach der Hochzeit unter einem Dach wohnten, fand Anthony das abendliche Ritual von Angela und ihren Kindern anfangs sehr gut. Er gab seinen Kindern einen Gutenachtkuss und setzte sich zur Entspannung vor den Fernseher, während Angela Zeit mit ihren Kindern verbrachte. Er wusste, dass dieses Ritual für ihre Kinder wichtig war – und als Outsider war ihm auch klar, dass er ihnen diese Zeit nicht nehmen sollte. Doch bald war Anthony nicht mehr damit einverstanden. Am Abend wollte er auch ein wenig von Angela haben und war verletzt, weil sie keine Zeit mehr für ihn übrig hatte, weil sie so lange bei ihren Kindern blieb. Oft war sie danach bereits müde und wollte selbst schlafen gehen. Anthony fühlte sich abgeschoben und vernachlässigt – Gefühle, die ihm durch seine Exfrau nur allzu vertraut waren. Er versuchte Angela zu vermitteln, wie sie ihre Zeit effektiver nutzen konnte. Im Beruf war er Experte für die Effektivität von Qualitätskontrollen und so machte er Angela einen Vorschlag, wie sie weniger Zeit mit ihren Kindern und mehr Zeit mit ihm verbringen könnte. »Ich sage ja nicht, dass du dir gar keine Zeit mit den Kindern nehmen sollst, ich finde bloß, dass du sie vielleicht auf eine Dreiviertelstunde kürzen könntest.«

Aber Angela war der Meinung, dass das abendliche Ritual ihren kleinen Kindern Stabilität verlieh, die sie angesichts der Belastung durch die neue Familiensituation »mehr denn je« brauchten. Und da die Kinder regelmäßig bei ihrem Vater waren, bedeutete das für Angela, dass sie meistens mehr Zeit mit Anthonys Kindern verbrachte als mit ihren eigenen.

Anthony versuchte daraufhin, die Kinder dazu zu bewegen, ihrer Mutter zu »erlauben«, mit ihm zusammen zu sein. Er stand vor ihren Zimmertüren und machte vage Bemerkungen, die bedeuten sollten, dass er nun »an der Reihe« war.

Die Kinder verstanden die Botschaft durchaus, wandten sich dann aber an ihre Mutter, die ihre gemeinsame Zeit verteidigen sollte. Sie fragten sie, warum Anthony das zu ändern versuchte: »Mama, warum sagt er, dass du dich beeilen sollst? Sind wir ihm gar nicht wichtig?«

Das wiederum verstärkte Angelas Bemühen, ihre Kinder zu beschützen. Sie war zudem verärgert, als sie merkte, wie Anthony ihre Kinder beiseitedrängte, wenn auch unabsichtlich.

Sie fürchtete, dass ihre Patchworkfamilie niemals wirklich zusammenfinden würde. Jedes Mal, wenn sie versuchte, mit Anthony darüber zu sprechen und ihn bat, sich zurückzuhalten, warf er ihr vor, ihre Kinder mehr zu lieben als ihn. Folglich hatte Angela auch weniger wertschätzende Worte für ihn übrig.

Das Beziehungsdreieck

Was geschieht hier?

Jeder kämpft darum, sich geliebt und geborgen zu fühlen.

Die Geschichte macht die emotionalen Bindungen deutlich, die für Patchworkfamilien typisch sind. Jede Seite konkurriert mit mindestens einer anderen Seite um Liebe (und in diesem Fall um Zeit). Angelas Beziehung zu ihren Kindern ist in Konkurrenz geraten zu ihrer Ehe mit Anthony und umgekehrt. Außerdem wirkt sich der Konflikt zwischen beiden Seiten negativ auf die dritte Seite aus, auf die Beziehung zwischen Anthony und Angelas Kindern. Die Insider haben Probleme damit, dem neuen Outsider (dem Stiefvater) zu vertrauen. Die Motivation der Erwachsenen und der Kinder, einander zu lieben, ist unterschiedlich stark ausgeprägt.

Anthony weiß zwar, dass Zweisamkeit für seine Frau die wichtigste Liebessprache ist. Allerdings kann er sich ihr gegenüber in dieser Sprache nicht äußern, denn das würde bedeuten, dass er sie von ihren Kindern wegholt und ihre Schuldgefühle verstärkt (ein typisches Gefühl in dieser Situation).

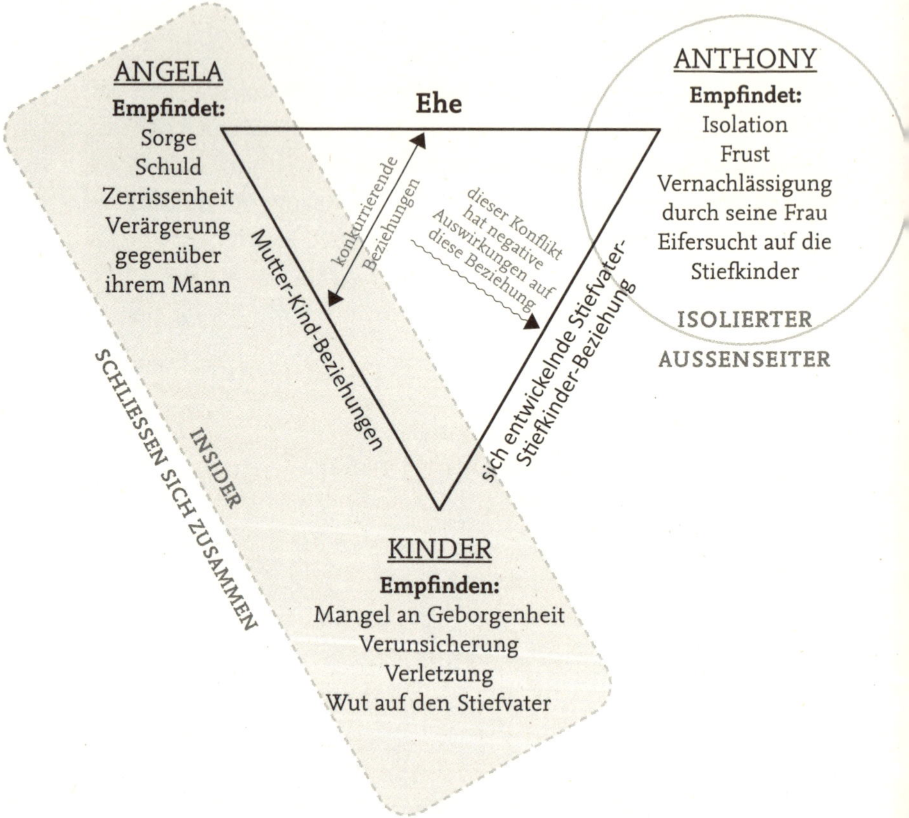

Was Angela und Anthony gemacht haben (und was auch Sie tun können):

Bevor Zeit gemeinsam verbracht werden kann, müssen alle Seiten des Beziehungsdreiecks ihre gegenseitigen Erwartungen herunterschrauben und bereit sein, Veränderungen in ihrer Zeiteinteilung vorzunehmen. Und, was besonders wichtig ist: Das Paar muss seine Ehe vor den daraus resultierenden Konflikten und Beeinträchtigungen schützen.

An diesem Punkt konnten Angela und Anthony ansetzen.

Die Ehe schützen. Das Paar führte viele ausführliche Gespräche über die Situation. Sie lasen Bücher über das Zusammenleben als Patchworkfamilie und begannen allmählich die emotionale Dynamik zu verstehen, in der sie selbst und ihre Kinder sich befanden. Dass sie bereit waren, sich auf diesen Prozess einzulassen und einander offen zuzuhören, hatte eine schützende Funktion für ihre Ehe. Es dauerte Monate, bis eine Verbesserung spürbar wurde, aber ihre Entschlossenheit, an ihrer Ehe festzuhalten, und ihre Bereitschaft dazuzulernen halfen ihnen, die Belastung zu ertragen.

Sich in die Situation der anderen hineinversetzen: Verständnis und Mitgefühl entwickeln. Mit der Zeit entwickelten Anthony und Angela Verständnis und Mitgefühl für alle Beteiligten. Angela verstand, dass sie in ihrem Mann den Schmerz aus seiner ersten Ehe wieder aufrührte, wenn sie sich keine Zeit für ihn nahm und ihm so das Gefühl vermittelte, ihr nicht wichtig zu sein. Anthony wiederum erkannte, welche Schuldgefühle Angela hatte und dass sie ihre Kinder schützen wollte. Beide entwickelten ein gemeinsames Mitgefühl für das Bedürfnis der Kinder nach Beständigkeit und Zweisamkeit mit ihrer Mutter.

Unser Bemühen um Verständnis für den anderen öffnet uns manchmal die Tür zu einer Lösung, die wir vorher nicht gesehen haben. Manche Lösungen beruhen auf unserer Liebe zum anderen und manche auf der Fürsorge für uns selbst.

Ruhig bleiben. Das Erste, was beide Elternteile in Bezug auf die Fürsorge für sich selbst lernen mussten, war, ruhig zu bleiben, wenn die andere Seite des Beziehungsdreiecks mehr Zeit oder Liebe zu bekommen schien. Anthony musste lernen, mit seiner Furcht umzugehen, seine Frau würde nie Zeit für ihn haben, und Angela musste ihre Sorge bewältigen, dass ihre Kinder seelischen Schaden erleiden würden, wenn sie weniger als eineinhalb Stunden mit ihnen verbrachte. Wenn wir uns nicht gerade einem wilden Bären gegenübersehen, führt Panik meistens nicht zu gesunden Reaktionen. Dass wir lernen, mit unserer Panik, unseren Sorgen und Ängsten richtig umzugehen, ist ein Muss in jeder engen Beziehung. Denn nur dann können wir uns objektiv mit den Bedürfnissen der anderen beschäftigen.

Grenzen setzen und Beziehungen wertschätzen. Nachdem beide ihre jeweiligen Ängste in den Griff bekommen hatten, begann Anthony die Zeit wertzuschätzen, die seine Frau mit ihren Kindern verbrachte, und gab seinen Segen zu ihrer Beziehung, statt sie übel zu nehmen. Und Angela fing an, dem abendlichen Ritual mit ihren Kindern bewusst zeitliche Grenzen zu setzen, damit sie ihrem Mann auch noch ihre Zuwendung und Anerkennung schenken konnte.

Wenn Angela ihren Kindern auf diese Weise Grenzen setzt, kann sie ihnen dadurch übrigens auch zeigen, wie wichtig ihr die Beziehung zu ihrem Mann ist. Und ihr Entschluss wird wahrscheinlich auf die Probe gestellt werden. Kinder jeden Alters, die eine Reihe schmerzlicher Veränderungen in ihrer Familie durchlebt haben, schlagen ganz automatisch zurück, wenn ein Elternteil seine emotionale Energie auf ein Stiefelternteil oder ein Mitglied der Stieffamilie ausrichtet. Manche Kinder werden wütend, andere ziehen sich zurück, wieder andere versuchen, Schuldgefühle bei ihrer Mutter oder ihrem Vater hervorzurufen oder sie durch ihr Schweigen zu bestrafen. Die Botschaft, die sich hinter diesem Verhalten verbirgt, ist jedoch immer dieselbe und sie offenbart einen Liebeskonflikt: *Habe ich dich jetzt verloren? Wenn ja, dann komm doch bitte zurück!* Angela hatte Verständnis für die Gefühle ihrer Kinder. Diese kamen für sie nicht unerwartet und so wusste sie, was zu tun war. Sie versicherte ihren Kindern, dass sie sie immer noch liebte – und sie nicht verlassen hatte –, dass sie jedoch angesichts der

> Kinder brauchen nicht unser Mitleid, sondern unsere starke Leitung, durch die sie Sicherheit gewinnen.

veränderten Familiensituation die Zeit, die sie abends miteinander verbrachten, begrenzen musste. Im Falle ihres Sohnes musste sie auch klarstellen, dass sie seinen respektlosen Ton gegenüber Anthony und ihr nicht weiter dulden würde.

Um all das zu erreichen, musste Angela zunächst einmal ihre eigenen Schuldgefühle überwinden. Vor der Bildung einer Patchworkfamilie haben Kinder bereits einiges durchgemacht. Eltern möchten nie, dass ihre Kinder sich verunsichert fühlen oder noch mehr verletzt werden. Doch das veränderte Beziehungsgefüge einer Patchworkfamilie führt fast unweigerlich genau dazu. Angela merkte, dass sie durch ihre Schuldgefühle oft wie gelähmt war, fand jedoch genug Willenskraft, dagegen anzukämpfen und trotz allem angemessene Grenzen zu setzen.

Wir sagen Eltern in der Beratung, dass dies bei Kindern kurzfristig oft zu weiterem »Heulen und Zähneklappern« führt, ihnen aber am Ende genau die stabile Umgebung liefert, die sie nötig haben. Kinder brauchen in solchen Zeiten nämlich nicht unser Mitleid, sondern unsere starke Leitung, durch die sie Sicherheit gewinnen. Es ist für sie wichtig, dass wir ihnen eng verbunden und nahe bleiben, obwohl wir sie »enttäuschen« müssen.

Die richtige Balance finden, wenn wir auf die anderen zugehen. Um ein Kind dabei zu unterstützen, dass es auf den Stiefelternteil zugeht, ist es für Sie als leibliche Mutter oder Vater wichtig, zuerst auf das Kind zuzugehen. Ein Kind, das bereits einen Elternteil durch Tod oder Scheidung verloren hat, möchte nicht die Verbindung zu seinem verbliebenen leiblichen Elternteil verlieren, nur weil dieser sich in einen anderen Menschen verliebt hat. Wenn Ihr Kind den Eindruck hat, dass Sie ihm entgleiten, will es mehr von Ihnen, nicht weniger. Wenn Sie aber in dieser Situation von Ihrem Kind ohne Einschränkung verlangen, dass es auf den neuen (oder künftigen) Stiefelternteil zugeht, dann fordern Sie es quasi dazu auf, sich »mit dem

Feind einzulassen«. Besser wäre es, wenn zuerst Sie auf Ihr Kind zugehen, indem Sie seine Muttersprache der Liebe sprechen, damit es Ihre Zuneigung spürt, und sich zugleich in Ihre neue Liebesbeziehung einbringen. Dadurch wird Ihre Liebe zum Stiefvater oder zur Stiefmutter nicht zu einer Bedrohung für die Beziehung zwischen Ihrem Kind und Ihnen.

Das erfordert natürlich eine sorgfältige Balance von Zeit und Einsatz (und Sie werden sich sicherlich manchmal innerlich zerrissen fühlen). Eltern, die sich unüberlegt in eine neue Liebesbeziehung stürzen, bestärken dadurch das Gefühl der Verlassenheit bei ihrem Kind. Stiefvater oder Stiefmutter, die versuchen, eine Beziehung zu ihrem Stiefkind aufzubauen, werden bei diesem dann eher auf Zögern oder Verschlossenheit stoßen. Der leibliche Elternteil muss sich also auf das Kind zubewegen und gleichzeitig die eigene Beziehung zum neuen Partner fördern und vertiefen. So wird dem Kind vermittelt, dass Mutter oder Vater es immer noch wertschätzen und die gegenseitige Beziehung sich zwar verändert hat, aber nicht verloren gegangen ist. Paradoxerweise steigt gerade dadurch die Wahrscheinlichkeit, dass ein Kind dem Stiefvater oder der Stiefmutter in seinem Herzen Raum gibt und auf ihn oder sie zugeht.

Dieser Prozess ist für den leiblichen Elternteil leichter, wenn der neue Partner Geduld hat. Stiefeltern müssen sich klarmachen, dass sie den Kindern tatsächlich in gewisser Hinsicht den Vater oder die Mutter wegnehmen. Haben Sie also Verständnis für die Kinder und vertrauen Sie darauf, dass die Zeit, die Ihr/e Partner/in allein mit seinen/ihren Kindern verbringt, sich letztendlich positiv auf Ihre Ehe auswirkt.

Die Beziehungen der andern gutheißen und fördern. Das Beziehungsdreieck zwischen Vater/Mutter, Stiefvater/-mutter und Kind ist in einer Patchworkfamilie nicht das einzige, in dem es zu Liebeskonflikten kommen kann. Auch das Kind-Vater-Stiefvater- und das Kind-Mutter-Stiefmutter-Beziehungsdreieck bringt Kinder in die schwierige Situation, jede Person in der Angst zu lieben, eine andere damit zu verletzen. Natürlich machen Kinder sich dann insbesondere Sorgen, die Gunst ihres leiblichen Elternteils zu verlieren. Es gibt auch noch weitere Beziehungsdreiecke: zwischen Großeltern, Enkeln und Stiefenkeln oder zwischen einem Elternteil, dessen erwachsenen leiblichen Kindern und den jüngeren Stiefkindern. Was hier überall benötigt wird, ist die Erlaubnis, jeden zu mögen/zu lieben.

Im Alter von sieben Jahren begann Diego seine Stiefmutter »*Madrasta*« zu nennen (der spanische Begriff für »Stiefmutter«). Seine leibliche Mutter war jedoch dagegen, da sie die Anrede zu liebevoll fand. Sie befahl ihrem Sohn, sie zu unterlassen, und verlangte vom Vater und der Stiefmutter des Jungen, ihm die Verwendung dieses Wortes auch zu Hause zu verbieten.

Sarahs Mann hatte einen Pflegesohn aus einer früheren Ehe, den er immer noch finanziell unterstützte. Er hatte ihm versprochen, ihm durch sein Studium zu helfen.

Doch Sarah widersprach: »Er ist nicht einmal dein eigener Sohn. Warum gibst du ihm Geld? Es ist besser, wenn wir es für unsere Familie behalten.«

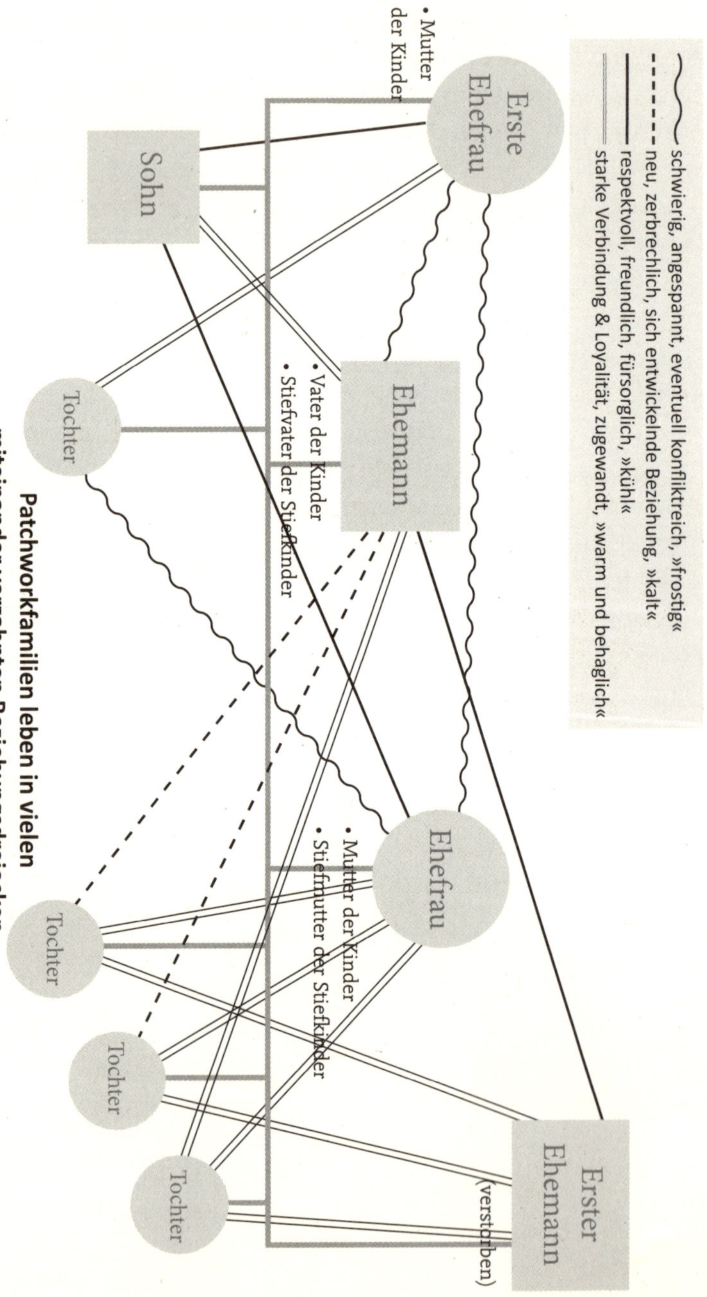

Patchworkfamilien leben in vielen miteinander verzahnten Beziehungsdreiecken

(Dieses Beispiel zeigt, dass Kinder und Erwachsene vielen Beziehungsdreiecken angehören, wobei die Beziehungen verschiedene »Temperaturen« aufweisen.)

Die aus Beziehungsdreiecken entstehenden Konflikte wirken sich konkret auf viele Lebensbereiche einer Patchworkfamilie aus; die Anrede von Stiefelternteilen und das Thema Finanzen sind hier besonders häufig betroffen. Doch im Grunde genommen geht es dabei weder um bestimmte Begriffe noch um Geldscheine, sondern um miteinander konkurrierende Beziehungen. Wir wollen für die Menschen, die wir lieben, jemand Auserwähltes und Besonderes sein. Doch unser Wunsch nach emotionaler Sicherheit und Geborgenheit in einer Beziehung darf nicht dazu führen, dass wir die andere Partei verunglimpfen oder ausgrenzen. Seltsamerweise besteht der Ausweg gerade darin, die Verbindung, die ein Mensch mit einer anderen von ihm geliebten Person hat, gutzuheißen und sie sogar zu fördern. Ermutigen Sie also Ihren Mann/Ihre Frau, einen gemeinsam festgelegten Geldbetrag für sein(e)/ihr(e) Kind(er) einzusetzen und eine ausgewogene Menge an Zeit mit ihm/ihnen zu verbringen. Lassen Sie Ihre Tochter Zeit mit ihrem Stiefvater/ihrer Stiefmutter verbringen; gestatten Sie es als erwachsenes Kind Ihrem Vater oder Ihrer Mutter, seine/ihre Energie in eine neue Ehe zu investieren. Wenn Sie jemandem Ihren Segen erteilen, dann zeigen Sie damit, dass Sie eine verlässliche, respektable, großzügige und vertrauenswürdige Person sind, die bereit ist, die Bedürfnisse anderer über ihre eigenen zu stellen.

Beispiel: Familienseite der Mutter mit Stiefvater

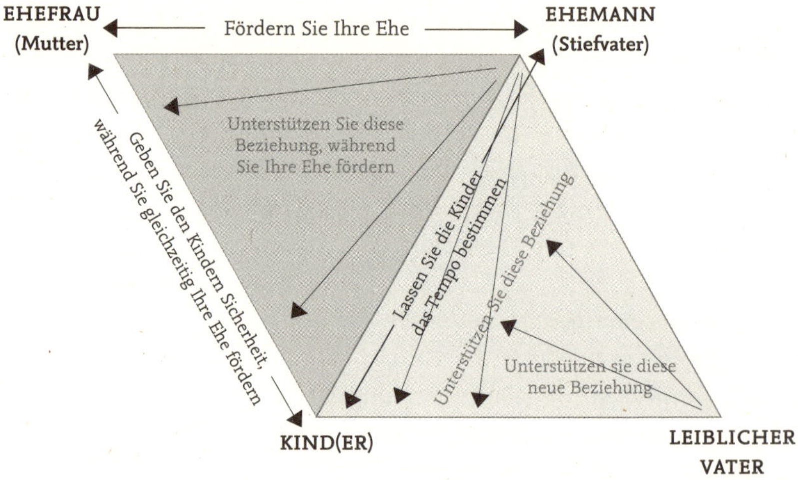

Besonders Kinder brauchen diese Unterstützung von mindestens einer Person aus dem Beziehungsdreieck – am besten aber von allen! Sie machen sich natürlich Sorgen, dass jemand aus dem Beziehungsdreieck sich verletzt oder abgelehnt fühlen könnte, wenn sie eine bestimmte Person allzu sehr lieben. Wenn sie aber von ihrem Vater oder ihrer Mutter die Erlaubnis erhalten oder sogar dabei unterstützt werden, sich der/den andere(n) Person(en) aus dem Beziehungsdreieck anzunähern, ihnen gegenüber freundlich zu sein oder sie gar zu lieben, dann ist es für sie, als ob man sie aus einem Boxkampf zwischen zwei Schwergewichten herausgeholt hätte.

Wenn ein Vater zu seinen Kindern sagt: »Ich wünsche euch viel Spaß dieses Wochenende mit eurem Stiefvater«, dann werden sie frei, wieder Kinder zu sein. Sie müssen keine kleinen Erwachsenen sein, die auf ihren ängstlichen Vater Rücksicht nehmen, indem sie sich von ihrem Stiefvater distanzieren oder ihm ungehorsam sind.

Und wenn eine Stiefmutter sagt: »Ich freue mich so, dass du nächste Woche mit deiner Mutter zu dieser besonderen Geburtstagsfeier gehen darfst«, vermittelt sie dem Kind dadurch, dass sich die beiden Erwachsenen in diesem Beziehungsdreieck auch erwachsen verhalten und nicht wie Siebtklässler, die auf dem Rücken anderer die soziale Leiter nach oben klettern wollen. Sie sagt dem Kind damit: »Du bist frei, ohne Angst und Schuldgefühle zu lieben.«

Kinder jeden Alters brauchen diese Unterstützung. Denn sonst erfahren sie noch mehr Schmerz.

Schmerz und Verlust

Patchworkfamilien entstehen aus einer Situation, die für Erwachsene und Kinder gleichermaßen schmerzvoll ist: einem Todesfall, der Scheidung oder Trennung eines Liebespaares. Jede Stieffamilie formiert sich nach einer Geschichte des Verlustes. Wenn neue Leute dazukommen, dann stören Schmerz und Trauer den Prozess der Beziehungsfindung und Vertrauensbildung.

Eine Stiefmutter sagte einmal: »Ich versuchte eine Beziehung zu Kindern aufzubauen, deren Mutter vor weniger als einem Jahr gestorben war. Unsere ersten Dates glichen eher einer Trauerseelsorge. Nachdem wir verheiratet waren, zog sich mein ältester Stiefsohn in sein Schneckenhaus zurück. Erst Jahre später erzählte er uns, er habe die ersten sieben Jahre Mauern um sein Herz errichtet. Es gab weni-

Unsere ersten Dates glichen eher einer Trauerseelsorge.

ge Gespräche und niemand kam an ihn heran. Seine Schwestern nennen mich inzwischen ihre ›Bonus-Mama‹, aber am Anfang waren sie mir gegenüber überhaupt nicht freundlich oder offen. Ihre Mutter war selten krank gewesen, doch als sie dann Krebs bekam, starb sie innerhalb von ein paar Monaten. Die Kinder waren am Boden zerstört. Mehrere Jahre lang waren sie nicht bereit dafür, mich in ihr Leben zu lassen.«

Kann man den Kindern hier Vorwürfe machen? Sie hatten einen schrecklichen Verlust zu verarbeiten. Eine Trauer dieses Ausmaßes verändert die gesamte Weltsicht und raubt einem jede Lebensfreude. Sich zu öffnen, um neue Menschen zu lieben, und die notwendige Energie aufzubringen, um neue Beziehungen zu schaffen, wenn die Familie, nach der man sich sehnt, nicht mehr existiert – das ist eine sehr anstrengende Erfahrung. Und manchmal möchten Kinder diesen Versuch nicht unternehmen.

Andere Kinder wiederum klammern sich an dem fest, was sie verloren haben. Anthonys Sohn Jaylen, das jüngere seiner beiden Kinder, war fünf, als seine Mutter die Familie verließ, und neun, als Angela und ihre Kinder in sein Leben traten. Angela hatte herausgefunden, dass Jaylens Muttersprache der Liebe Geschenke waren. Sie wollte gern die Lücke füllen, die Jaylens Mutter hinterlassen hatte. Am Anfang wollte sie Jaylen allerdings keine Geschenke geben, um nicht den Eindruck zu erwecken, sie wolle sich seine Liebe »erkaufen«. Stattdessen versuchte sie es mit ihrer eigenen Liebessprache und nahm sich bewusst Zeit für Jaylen. Das Problem dabei war nur: Er wollte keine Zeit mit ihr verbringen. Er war zu fixiert auf den Gedanken, dass seine Mutter eines Tages zurückkehren würde.

Angela fühlte sich abgelehnt und war frustriert. Also fing sie doch an, Jaylen kleine Geschenke zu kaufen. Doch auch das entpuppte sich als Einbahnstraße. Einmal ging sie in Jaylens Zimmer und sah, dass er alle ihre Geschenke zerstört hatte. Er hatte die Spiele kaputt gemacht und den Actionfiguren die

Köpfe abgerissen. Was Jaylen wollte, war seine Mutter – und keine Stiefmutter. So liebevoll Angela sich auch verhielt, sie konnte ihm seine Mutter nicht ersetzen. Einmal, als sie bereits zwei Jahre als Familie zusammenlebten, backte sie Jaylen einen Geburtstagskuchen.

Doch er sagte dazu nur: »Wenn meine Mama an meinem Geburtstag nicht hier sein und mir einen Kuchen backen kann, dann will ich von dir auch keinen.«

An diesem Punkt erkannte Angela, dass sie kein Loch schließen konnte, das sie selbst nicht gegraben hatte. Aber sie konnte ihrem Stiefsohn ihre bedingungslose Liebe schenken, in dem für ihn richtigen Tempo.

Natürlich ist nicht jede Stiefeltern-Stiefkind-Beziehung so dramatisch oder schwarzweiß. Aber im Grunde genommen gilt immer: Schmerz und Trauer führen zu Liebeskonflikten und beeinträchtigen die Entwicklung neuer Beziehungen in einer Patchworkfamilie. Sie wirken sich darauf aus, wie offen Kinder ihren Stiefeltern begegnen und wie sehr Paare einander vertrauen.

In der größten Studie, die bislang über Paare in einer Patchworkfamilie durchgeführt wurde, fanden Dr. David Olsen und ich (Ron) heraus, dass die Furcht vor einer erneuten Trennung oder Scheidung mit dreiundneunzigprozentiger Sicherheit voraussagt, ob ein Paar eine starke, lebendige Ehe führt oder eine problematische und instabile. In unserem Buch *The Smart Stepfamily Marriage* legen wir dar, wie negativ diese Furcht sich auf die Beziehung auswirkt und dazu führt, dass die Partner einander vorsichtig und misstrauisch begegnen. Die Wurzel des Ganzen: Schmerz aus der Vergangenheit. Die Auswirkung: Furcht vor weiterem Schmerz. Die möglichen Folgen: Um erneute Verletzungen zu vermeiden, lieben die Ehepartner einander nicht aufopferungsvoll oder nicht von ganzem Herzen und vergrößern damit den Mangel an Geborgenheit in ihrer Ehe. Was für ein Teufelskreis!

Wie wir sehen können, schlummert also unter der Oberfläche fast jeder neuen Patchworkfamilien-Beziehung die Frage: Liebst du mich *wirklich* und kann ich dir vertrauen?

Die Lösung besteht aber nicht darin, unsere Liebe zurückzuhalten, bis die andere Person uns ohne jeden Zweifel bewiesen hat, dass sie uns so sehr liebt, wie wir es uns erhoffen. Der richtige Weg ist vielmehr, den anderen von ganzem Herzen zu lieben – egal, welches Risiko wir damit eingehen. Nur dann werden wir auch den letzten Rest von Furcht überwinden, der sich in unserem Herzen festgesetzt hat, und die Wahrscheinlichkeit erhöhen, dass die andere Person uns ebenfalls liebevoll entgegenkommt.

Gegen unsere eigenen Ängste können wir also etwas unternehmen. Aber was tun wir, wenn wir merken, dass der andere sich davor fürchtet, uns zu lieben? Dann brauchen wir viel Geduld. Haben wir Verständnis für seinen Schmerz. Und versuchen wir, ihn oder sie trotzdem so gut wie möglich zu lieben. Ja, manchmal müssen wir einem Kind dennoch Grenzen setzen (»So darfst du nicht mit mir reden!«). Aber wir dürfen unsere Liebe keinem Familienmitglied entziehen – selbst wenn diese abgelehnt wird. Lassen wir uns also nicht durch den Schmerz und die Furcht des anderen davon abhalten, seine Liebessprache zu sprechen.

Nicht auf der Liebessprache des anderen herumtrampeln

Wenn wir ein Wort falsch aussprechen, verstehen andere es vielleicht nicht. Und wenn wir auf der Liebessprache eines Menschen herumtrampeln, dann verletzen wir ihn tief, vermitteln ihm einen Mangel an Liebe und behindern die Vertrauensbildung.

- Ein Mensch, dessen Liebessprache *Lob und Anerkennung* ist, wird durch Beschimpfungen und harte Worte tief verletzt.
- Ein Mensch, dem *Zweisamkeit* sehr viel bedeutet, reagiert verletzt, wenn wir ihm nur halbherzig zuhören oder abgelenkt sind oder wenn wir bereits versprochene gemeinsame Unternehmungen immer wieder verschieben.
- Wenn eine Person *Geschenke* als Muttersprache der Liebe hat, dann ist sie verletzt, wenn ein Geburtstag oder ein Jubiläum vergessen wird; sie fühlt sich innerlich leer in einer Beziehung, in der es keine greifbaren Zeichen der Liebe gibt.
- Ein Mensch, für den *Hilfsbereitschaft* entscheidend ist, wird verletzt, wenn andere ihm ein Durcheinander hinterlassen, das er aufräumen muss, oder wenn das Versprechen, ihm zu helfen, nicht eingelöst wird.
- Menschen, deren Liebessprache die *Zärtlichkeit* ist, empfinden extremen seelischen Schmerz, wenn sie misshandelt oder vernachlässigt werden.[12]

Jeder von uns kann solche Verletzungen verursachen – absichtlich oder aus Versehen. Wenn das passiert ist, sollten wir unsere Liebe zeigen, indem wir mit einer Entschuldigung reagieren, etwas Angemessenes zur Wiedergutmachung unternehmen und uns Mühe geben, so etwas nicht wieder zu tun.

Die Beziehung zwischen Insidern hat eine schützende Funktion, wenn es zu Verletzungen kommt. Insider neigen dazu, einander schneller zu vergeben, sich gegenseitig keine bösen Absichten zu unterstellen und die ärgerlichen Seiten des anderen eher zu tolerieren. Outsider dagegen können nicht mit so viel Gnade und Barmherzigkeit rechnen.

Ein hartes Wort vonseiten eines leiblichen Elternteils kann ein Kind zwar verletzen, aber wenn dasselbe durch einen

Stiefvater oder eine Stiefmutter geschieht, wird das Kind nicht nur verletzt; auch sein Vertrauen wird erschüttert und es verliert den Mut, sich dem Stiefelternteil weiter anzunähern. Es kommt hier also zu weitreichenden negativen Auswirkungen.

In den beiden Büchern *The Smart Stepmom* und *The Smart Stepdad* empfehle ich (Ron) Stiefeltern dringend, an ihrer eigenen Persönlichkeit zu arbeiten, damit sie nicht von ihrem Stiefkind für immer aus dem Kreis seiner Vertrauten ausgeschlossen werden. Wir können ein Kind nicht dazu bringen, uns zu lieben, aber wir können dafür sorgen, dass wir jemand sind, den es gerne lieben möchte.

Diese Überlegungen werfen eine Frage auf: *Sollen wir die Liebessprache unseres Stiefkindes (oder eines anderen Mitglieds der Patchworkfamilie) sprechen, selbst wenn sie nicht angenommen wird?* Angela kaufte Jaylen Geschenke, doch er lehnte sie ab und damit auch die Botschaft der Liebe, die Angela ihm dadurch vermitteln wollte. Sollte sie ihm also keine weiteren Geschenke mehr machen?

Kinder sind interessante Wesen. Selbst wenn sie uns auf Abstand halten, wollen sie dennoch wissen, dass sie uns wichtig sind. Angela sollte kein Geld für Geschenke verschwenden, die Jaylen nur kaputt macht. Aber sie sollte durchaus darüber nachdenken, welche Art von »Geschenken« sie ihm geben kann, um ihm deutlich zu machen, dass sie sich bemüht, ihn zu lieben. Wenn wir ein Kind ablehnen, das uns ablehnt, dann vermitteln wir ihm die Botschaft: »Meine Liebe zu dir gibt es nur unter der Bedingung, dass du mich zurückliebst oder zumindest offen für mich bist.« Eine solche Botschaft führt wahrscheinlich dazu, dass die Tür zu einer Beziehung sich endgültig schließt. Natürlich müssen wir uns nicht zum Fußabtreter machen lassen. Aber wir sollten unsere Kommunikation auch nicht komplett einstellen.

Der »falsche« Dialekt

Kommen wir zu einem weiteren Hindernis für den Aufbau liebevoller Beziehungen in einer Patchworkfamilie: dem Einsatz eines »falschen« Dialekts. Manche Dialekte sind persönlicher als andere. Auch wenn wir es gut meinen, kann es sein, dass wir eine Liebessprache unklug anwenden und damit genau das Gegenteil bewirken. Unserer Meinung nach ist es hilfreich, jede Liebessprache in drei Ebenen zu denken und zunächst auf der untersten Ebene zu beginnen, die nicht ganz so persönlich ist, und allmählich auf die anderen Ebenen zu wechseln. Manche Dialekte sind intimer und erfordern ein höheres Maß an Vertrauen und Offenheit.

Lob und Anerkennung

- Ebene 1 – »Vielen Dank, dass du das für Mary getan hast. Das war lieb von dir.«
- Ebene 2 – »Ich finde es toll, wie gut du Fußball spielst.« »Ich bin gern mit dir zusammen.«
- Ebene 3 – »Ich hab dich lieb.« »Du bist mir sehr wichtig.«

Hilfsbereitschaft

- Ebene 1 – jeden Tag etwas mehr tun als das, was nötig ist (und zwar mit einem Lächeln); gelegentlich eine Aufgabe mit dem Kind zusammen oder für das Kind übernehmen
- Ebene 2 – dem Kind bei etwas helfen, das es von sich aus gerne machen möchte
- Ebene 3 – etwas für das Kind tun, das von unserer Seite aus viel Zeit und Kraft erfordert

Zweisamkeit

- Ebene 1 – »Kennenlern«-Gespräche; in einer Gruppe

Freizeit gemeinsam verbringen; etwas Seite an Seite machen
- Ebene 2 – Gefühle mitteilen; über positive und negative Erfahrungen reden
- Ebene 3 – persönliche, vertrauensvolle Gespräche; zu zweit intensiv Zeit miteinander verbringen

Geschenke
- Ebene 1 – sich an einen Wunsch erinnern, den das Kind einmal geäußert hat, und diesen erfüllen
- Ebene 2 – das Kind fragen, was es sich zum Geburtstag wünscht; ihm ein Symbol der Wertschätzung schenken
- Ebene 3 – Geschenke, die einen sichtlichen Einsatz an Zeit oder Geld bedeuten

Zärtlichkeit
- Ebene 1 – Faustcheck oder High Five
- Ebene 2 – ein Spiel machen, das Berührungen beinhaltet; eine Umarmung von der Seite
- Ebene 3 – eine kräftige Umarmung; eine Fußmassage; eine Rückenmassage

> »Weil wir noch nicht so lange verheiratet sind, bin ich lieber vorsichtig. Ihre Jungs wollen sich mir noch nicht annähern. Ich versuche das zu respektieren.«

Sie werden sicher bemerkt haben, dass jede Liebessprache Ausdrucksformen besitzt, die weniger intim sind, und solche, die für eine tiefere, persönlichere Beziehung stehen. Es ist sehr wichtig, diese Unterschiede zu respektieren und sich nicht aufzudrängen. Wenn Sie mit Lob und Anerkennung auf Ebene 3 beginnen und der Schuss nach hinten losgeht, dann ist bestimmt nicht die Liebessprache schuld. Wahrscheinlich war das Fundament Ihrer Beziehung noch nicht so gefestigt, dass es diesen Dialekt tragen konnte. Wenn die Liebessprache Ihres Stiefkindes Zärtlichkeit ist, dann bedeutet das nicht, dass Sie gleich mit intensiven Umarmungen beginnen können. Das Kind zuckt dann vielleicht zusammen und zieht sich zurück. Bewegen Sie sich in der jeweiligen Liebessprache und ihren Dialekten also langsam vorwärts und halten Sie sich an die oben angegebene Reihenfolge. Sollten Ihre Bemühungen ins Leere laufen, dann denken Sie daran, dass die Zutaten bei der Niedriggarmethode Zeit brauchen, um warm zu werden, und versuchen Sie es später erneut.

Wir möchten noch einmal betonen: Die fünf Sprachen der Liebe sind eine wunderbare Vorgehensweise, um den Aufbau von Beziehungen in einer Patchworkfamilie zu erleichtern und Vertrauen zueinander zu entwickeln. Studien haben gezeigt, dass Stiefeltern, denen ein gutes Miteinander am Herzen liegt, ihre Stiefkinder unter anderem loben und ihnen mit ihren Worten Wärme vermitteln (Lob und Anerkennung). Sie verbringen Zeit mit ihnen mit gemeinsamen Aktivitäten oder Hobbys, die beiden Seiten Spaß machen (Zweisamkeit). Sie überlegen sich schöne Geschenke und nehmen vieles auf sich, um den Kindern einen Gefallen zu tun und ihnen zu helfen (Geschenke und Hilfsbereitschaft).[13] Das alles summiert sich zu einem positiven Effekt: eine sich entwickelnde Freundschaft, die mit der Zeit zu einer tieferen Vertrauensbeziehung wird. Wenn wir aber unsere Bemühungen zu rasch und zu früh steigern, kann es sein, dass wir die Situation eher noch verschlechtern.

Die Beziehungen in einer Patchworkfamilie können besonders am Anfang zu Konkurrenzsituationen führen, in denen die Liebe in Konflikt gerät. Wenn Sie die in diesem Kapitel beschriebenen Hindernisse umschiffen, dann vermeiden Sie Ausartungen dieser Konflikte und »kochen« in einem Tempo, bei dem alle mithalten können. In Kapitel 5 werden wir das Thema der Liebessprachen und des richtigen Tempos im

Umgang mit Kindern noch vertiefen. Doch weil die Rolle der Eltern immer auf der Grundlage ihrer Paarbeziehung beruht, wollen wir zuerst der Frage nachgehen, wie wir in unserer Ehe ein starkes Fundament der Liebe legen können.

Sie sind dran

Betrachten Sie die Beziehungen in Ihrer Patchworkfamilie. Wenn Sie zurückblicken, haben Sie im Umgang mit anderen Familienmitgliedern auf Ebene 1 begonnen? Oder sind Sie, wenn auch in guter Absicht, zu schnell zu Ebene 2 oder 3 übergegangen? Was könnten Sie angesichts dessen, was Sie in diesem Kapitel erfahren haben, jetzt anders machen?

4. Gemeinsam liebevolle Beziehungen aufbauen – in der Ehe

Eine liebevolle Ehe, in der die Partner füreinander einstehen, ist die wichtigste Basis und die beste Motivation für das Zusammenwachsen einer Patchworkfamilie. Um im Bild der Niedriggarmethode zu bleiben: Ihre Ehe ist die Elektrizität und die Heizspirale, um die Hitze zu erzeugen, mit der die einzelnen Zutaten sich erwärmen, weich werden und sich schließlich miteinander verbinden. Eine schwierige, konfliktreiche Ehe dagegen könnte man mit einem Herd vergleichen, den man vom Stromnetz genommen hat – keine Wärme mehr und kein Zusammenwachsen der Familie.

Die Beziehung zwischen Ihnen als Paar ist also absolut entscheidend für den Erfolg Ihres Familienlebens. Und deshalb soll es in diesem Kapitel darum gehen, wie Sie Ihre Beziehung stärken können. Sie werden erfahren, wie Sie Ihrem Ehepartner Ihre Liebe durch die fünf Sprachen der Liebe vermitteln können. Außerdem beschäftigen wir uns damit, wie Sie Ihre Ehe vor den negativen Einflüssen früherer Beziehungen und auch vor aktuellen Problemen in Ihrer Patchworkfamilienumgebung schützen können.

Dem Partner Liebe und Geborgenheit schenken: die Fünf Sprachen der Liebe einsetzen

»Mein größtes Problem ist herauszufinden, wie ich die Liebessprache meines Mannes praktisch einsetzen soll. Ich weiß einfach nicht, was er will oder wie ich ihm vermitteln kann, dass er mir wichtig ist. Es fällt mir sogar leichter, die Liebessprache meines Stiefsohns zu sprechen als die meines Mannes.«

Geliebt zu werden und uns auf diese Liebe verlassen zu können, ist unser tiefstes Bedürfnis. Dies zu erfahren und es immer wieder bestätigt zu bekommen, erfüllt uns mit Freude und schenkt uns innerlich Trost – genau wie wenn wir einem geliebten Menschen ein solches Erlebnis verschaffen können, was eine große Ehre und ein Vorrecht ist. Die Liebessprache des anderen zu sprechen, trägt in spürbarer Weise zu einer liebevollen, geborgenen Beziehung bei.

Wenn *Lob und Anerkennung* die Liebessprache Ihres Mannes/Ihrer Frau ist, so machen Sie ihm/ihr regelmäßig Komplimente und senden Sie ermutigende Botschaften. Sie können Ihrem/r Partner/in sagen, wie dankbar Sie für etwas sind, das er/sie getan hat: die Kinder versorgen, hart arbeiten, sich persönlich weiterentwickeln – die Liste ist endlos. Um dieses Ziel zu erreichen, müssen wir jedoch aufmerksam sein und unsere Wertschätzung unmittelbar mündlich oder schriftlich zum Ausdruck bringen. Auch die Bereitschaft zur Vergebung ist eine Art der Anerkennung. Sie vermittelt die starke Botschaft: Du hast mich zwar verletzt oder enttäuscht, aber du bist mir so wichtig, dass ich darüber hinwegsehe, damit unsere Beziehung wiederhergestellt werden kann. Mit dieser Botschaft bringen wir eine große Wertschätzung zum Ausdruck.

Weil Lob und Anerkennung seine Liebessprache ist, schreibt sie ihm immer wieder liebevolle Notizen, die sie in seiner Aktentasche versteckt oder in seinem Koffer, wenn er verreisen muss. Einmal kaufte sie ihm einen Becher Kaffee und schrieb »Guten Morgen, heißer Typ!« auf die Außenseite. Er bemerkte die Aufschrift erst mal nicht und nahm den Becher mit zur Arbeit. Für seine Kollegen war das ein großer Spaß und das Paar erzählt diese Geschichte auch heute noch gerne.

Wenn *Zweisamkeit* die Liebessprache Ihres Mannes/Ihrer Frau ist, dann stellen Sie sicher, dass Sie ihm/ihr Ihre volle Aufmerksamkeit widmen, wenn Sie zusammen sind. Mit anderen Worten: Legen Sie Ihr Smartphone beiseite und engagieren Sie sich in einem intensiven Zwiegespräch. Hören Sie Ihrem Gegenüber wirklich zu und reagieren Sie entsprechend. Und wenn Sie einer gemeinsamen Aktivität nachgehen, egal ob in zugewandter Form (was Frauen meistens lieber mögen) oder nebeneinander (was Männer tendenziell bevorzugen), dann seien Sie emotional und geistig präsent.

Geschenke sind grundsätzlich ein Symbol der Liebe. Ob klein oder groß, selbst gemacht oder gekauft, günstig oder teuer – ein Geschenk zeigt der anderen Person, dass wir an sie gedacht haben und sie uns wertvoll ist. Überreichen Sie sowohl Überraschungsgeschenke als auch solche, die zu erwarten waren, kreative Dinge und solche, mit denen der andere gerechnet hat. Und vergessen Sie nicht, dass Sie selbst das beste

Geschenk sind – Ihre Zeit, Ihre Aufmerksamkeit, Ihre Zuwendung und Ihre Offenheit.

Wenn Sie Ihrem Partner einen Gefallen tun, dann erfüllen Sie damit nicht nur eine Aufgabe, die erledigt werden muss. Ihre *Hilfsbereitschaft* ist ein Zeichen Ihrer Liebe und Fürsorge. Manchmal sind das ganz einfache Dinge, wie zum Beispiel, dem Partner die Tür aufzuhalten, im Winter das Auto freizukratzen oder das Geschirr abzuwaschen. Manchmal sollten wir uns auch im Vorfeld schon Gedanken darüber machen, wo der andere Hilfe brauchen könnte, zum Beispiel im Haushalt, wenn er/sie zurzeit Überstunden machen muss. Was auch immer wir uns einfallen lassen – unsere Aufmerksamkeit und Freundlichkeit sprechen Bände.

Und schließlich können wir auch durch unsere *Zärtlichkeit* Liebe zum Ausdruck bringen: durch Berührungen, Hände halten, Umarmungen oder auch durch einen gemeinsamen Tanz. Auch sexuelle Berührungen haben für Paare selbstverständlich einen besonderen Stellenwert, denn in ihnen spiegeln sich die Treue, Hingabe und Leidenschaft füreinander. Wir empfehlen Paaren eine gesunde Mischung dieser verschiedenen Formen der Zärtlichkeit im Verlauf ihrer Ehe. Sowohl erotische als auch nicht-erotische Berührungen vermitteln dem Menschen, der uns nahesteht, dass wir gerne mit ihm zusammen sind und ihn so wertschätzen, wie er ist.

Wenn Sie Ihrem Partner helfen wollen, Ihre Sprache der Liebe zu sprechen, dann tun Sie das durch Bitten, nicht durch Forderungen. »Könntest du vielleicht ein paar kleine Dinge für mich übernehmen?« oder »Es wäre schön, wenn wir dieses Wochenende ein bisschen mehr Zeit füreinander hätten; es fehlt mir, mit dir zusammen zu sein.« Bringen Sie Ihr Bedürfnis klar zum Ausdruck und zeigen Sie Ihrem Mann/Ihrer Frau damit einen direkten Weg zu Ihrem Herzen.

»Warum bekomme ich keine Blumen?«

Die Liebessprache des anderen herauszufinden, ist nicht immer ganz einfach. Oft bedeutet es, unsere eigene Kurzsichtigkeit gegenüber unserem Partner zu überwinden und bewusst lieben zu lernen.

Cynthia und ihr erster Mann hatten dieselbe Liebessprache: Sie beschenkten einander gegenseitig. Auf diese Weise war es für die beiden einfach, einander ihre Liebe zu zeigen. Die Liebessprache ihres zweiten Mannes Jeremy ist jedoch eine andere: Hilfsbereitschaft. Geschenke waren ihm eher fremd. Stattdessen sagte er zu seiner Frau: »Hier hast du Geld, Schatz. Kauf dir, was immer du dir wünschst.«

Doch für Cynthia war das nicht dasselbe, als wenn ihr Mann selbst losgezogen wäre und etwas Schönes für sie ausgesucht hätte. Ihre ständige Enttäuschung verunsicherte Jeremy. Er hatte ihr doch Geld gegeben. War das nicht genug?

Irgendwann erkannten die beiden, dass sie einander liebten, ohne Bescheid zu wissen, was der andere brauchte. Sie merkten, dass ihre Perspektive zu kurzsichtig war. Zum Beispiel hatte Cynthia zwar wahrgenommen, dass Jeremy (als Zeichen seiner Hilfsbereitschaft) viele Aufgaben in Haus und Garten übernommen hatte. Ihr war bewusst, dass die meisten Frauen sich einen Mann wie ihn gewünscht hätten, der so viele Dinge unaufgefordert erledigte. Aber sie dachte immer nur: »Warum bekomme ich keine Blumen?«

> Wenn wir uns ungeliebt fühlen, sollten wir uns gut überlegen, wie wir darauf reagieren wollen, damit wir nicht alles noch schlimmer machen.

Jeremy wiederum fühlte sich nicht wertgeschätzt. Er wandte viel Zeit und Mühe auf, um Dinge für Cynthia zu tun und ihr dadurch seine Liebe zu zeigen. Aber sie nahm das kaum zur Kenntnis.

»Sie ließ ihre Kleider im Bad herumliegen und ich hob sie für sie auf. Ich machte die Betten und erledigte alles Mögliche rund ums Haus, um ihr zu zeigen, wie viel sie mir bedeutet. Aber das alles schien sie gar nicht zu erreichen.«

Eine klassische Pattsituation. Beide setzten ihre Zeit und Kraft ein, um dem anderen ihre Liebe in *ihrer eigenen Liebessprache* zu vermitteln. Und da sie erwarteten, dass der jeweils andere sie ebenfalls in ihrer eigenen Liebessprache lieben würde, konnte keiner von ihnen hören, wie das Gegenüber bereits versuchte, »Ich liebe dich« zu sagen.

Cynthia und Jeremy bearbeiteten den Online-Fragebogen, um ihre jeweilige Sprache der Liebe herauszufinden (www.5LoveLanguages.com). Erst da entdeckte Cynthia, dass Jeremys wichtigste Liebessprachen Hilfsbereitschaft und Zärtlichkeit waren. Das öffnete ihnen beiden die Augen. Nun erkannten sie, wie der andere seine Liebe zeigte, und versuchten bewusst, sich verstärkt in dieser Sprache auszudrücken.

»Ich bemerkte, was Jeremy alles für mich tat«, erzählte Cynthia. »Ich bedankte mich bei ihm dafür und sagte ihm, dass ich mich darüber freute. Und er fing an, mich mit Geschenken zu überraschen.«

Jeremy stellte fest, dass es auch auf den richtigen Dialekt ankam. »Ich merkte, dass der Überraschungsmoment für Cynthia ganz wichtig ist«, erklärte er.

»Genau«, stimmte Cynthia ihm zu. »Das lässt das Geschenk – was immer es auch ist – für mich zu etwas ganz Besonderem werden.«

Jeremy lachte. »Das ist wahr. Wenn sie merkt, dass ich etwas für sie gekauft habe, dann kann ich es auch genauso gut wieder zurückbringen. Es geht vor allem um die Überraschung.«

Das Erkannte vertiefen

Mittlerweile haben Sie hoffentlich schon damit begonnen oder sind schon eifrig dabei, die wichtigste und zweitwichtigste Liebessprache Ihres Mannes/Ihrer Frau zu erlernen. Die allgemeinen Ausdrucksformen der jeweiligen Liebessprache sind weiter oben aufgeführt, sodass Sie bereits erste Anhaltspunkte haben (weitere Beispiele finden Sie am Ende dieses Kapitels). In einer Patchworkfamilie erfordert der liebevolle Umgang mit Ihrem Partner jedoch ein höheres Maß an Anstrengung und Nachdenken, denn hier geht es nicht nur darum, den richtigen Dialekt herauszufinden, sondern auch zu überlegen, wie sich die Vergangenheit auf die Gegenwart auswirkt und wie die Situation Ihrer zusammengeführten Familie Ihre Ehe belastet.

Wenn die Liebessprache schwer zu erkennen ist

Hope ist seit vier Jahren in zweiter Ehe mit Ryan verheiratet und hat seine Liebessprache immer noch nicht herausgefunden. Und er ihre umgekehrt auch nicht.

Hopes erste Ehe endete tragisch, als ihr Mann Dalton bei einem Arbeitsunfall ums Leben kam.

»Ich kannte seine Sprache der Liebe und er kannte meine«, sagte sie. »Es fiel uns leicht, die Sprache des anderen zu sprechen, und so war es bis zu seinem Tod.«

Das erklärt, warum Hope so frustriert darüber war, dass sie Ryans Sprache noch nicht entdeckt hatte.

»Ryan ist für mich ein Rätsel. Als wir uns kennenlernten, sagte er, seine Liebessprache sei Zärtlichkeit. Aber ich merkte, dass er sich gar nicht so gern berühren lässt. Sich an den Händen halten oder ein Kuss auf die Wange, das ist für ihn okay. Aber massieren oder streicheln geht gar nicht. Kuscheln ist eine Weile ganz gut, aber dann wird es ihm zu warm. Und ich muss ihn geradezu auffordern, mich richtig zu umarmen und mir nicht nur den Arm um die Schultern zu legen.«

In ihrem Bemühen, Ryans Dialekt ausfindig zu machen, entdeckte Hope, dass Ryans erste Ehe seine Fähigkeit, Liebe zum Ausdruck zu bringen, beeinträchtigt hatte. Seiner Frau waren Zärtlichkeiten nicht wichtig, also zog Ryan sich auf diesem Gebiet zurück, um ihren Bedürfnissen entgegenzukommen. Ryan wusste auch nicht so genau, was mit ihm los war. Hatte sich seine Liebessprache irgendwie verändert?

Die Selbstwahrnehmung eines Partners – oder in diesem Fall der Mangel an Selbstwahrnehmung – kann sich negativ auswirken, sodass der andere Partner ihn nicht angemessen lieben kann. Wenn Sie beide noch auf der Suche nach Klarheit sind, sollten Sie diesen Prozess nicht als ein Scheitern betrachten. Allein schon der Versuch, die Liebessprache des anderen herauszufinden, ist eine Liebeserklärung. Würdigen Sie also Ihre Wünsche und gegenseitigen Bemühungen, während Sie einander weiterhin zuhören und gemeinsam nach Lösungen suchen.

Sobald Sie den Dialekt Ihres Partners entdeckt haben, freuen Sie sich über diese neue Erkenntnis und richten Sie Ihre Bemühungen in Zukunft darauf aus. Das bedeutet natürlich nicht, dass die anderen Liebessprachen unwichtig sind. Echte Liebe drückt sich im Laufe der Zeit in allen fünf Sprachen aus. Wenn Sie aber Ihre Liebe so vermitteln wollen, dass es Ihrem Partner wirklich etwas bedeutet, dann sprechen Sie am besten dessen Muttersprache der Liebe.

> Allein schon der Versuch, die Liebessprache des anderen herauszufinden, ist eine Liebeserklärung.

Besondere Probleme der Patchworkfamilie und ihre Auswirkungen auf die Ehe

Was hindert uns daran, eine Botschaft der Liebe zu senden oder zu empfangen? Wie im vorangegangenen Kapitel besprochen, können die unterschiedlichen Beziehungen in einer Patchworkfamilie in Konkurrenz zueinander geraten und in der Folge auch Eheprobleme verursachen. Wenn ein Elternteil sich in einem Konflikt zwischen seinem leiblichen Kind und seinem Ehepartner befindet, leidet die Ehe unweigerlich darunter. Jede Reaktion, die man ausprobiert, scheint »falsch« zu sein. Die daraus resultierende Enttäuschung kann einem jede Bereitschaft zu lieben rauben. So ist es auch bei Loyalitätskonflikten.

Ein Vater erzählte: »Am Anfang unseres gemeinsamen Familienlebens befand ich mich in einer ausweglosen Situation. Wenn ich die Liebessprache meiner Kinder sprach, kam das meiner neuen Frau wie eine Bedrohung oder ein Verrat vor. Ich wollte meinen Kindern zeigen, dass sie mir wichtig sind, und ich wollte das, was sie durchgemacht hatten, ein Stück weit wiedergutmachen. Aber das führte zu großen Spannungen zwischen meiner Frau und mir.«

Die Antwort ist, wie wir im letzten Kapitel gesehen haben, eine zweifache. Der Vater sollte sich die Liebessprache seiner Kinder zum Ziel machen und sowohl auf die Kinder als auch auf seine Frau zugehen. Und die Stiefmutter sollte seine Beziehung zu seinen Kindern fördern in dem Bewusstsein, wie wichtig es für sie selbst ist, dass er seinen Kindern ein guter Vater ist. Denn dann werden die Kinder auch sie in ihre Familie aufnehmen. Es geht hier also nicht um ein Entweder-oder, sondern um ein Sowohl-als-auch.

Manchmal ist die Ablehnung oder distanzierte Haltung eines Kindes gegenüber dem Stiefelternteil der Auslöser des Problems. Dies ist für den Stiefvater oder die Stiefmutter genauso frustrierend wie für den leiblichen Elternteil. Doch es kann sein, dass sie unterschiedliche Ansichten darüber haben, wie sie mit dieser Situation umgehen sollen, und so in einen Konflikt geraten.

Eine Stiefmutter schrieb uns: »Ich weiß nicht, welche Liebessprache meine Stieftochter hat. Am Anfang war ich ihr gegenüber aufmerksam und liebevoll. Aber ihre Respektlosigkeit hat dazu geführt, dass ich mich innerlich zurückzog, um meine Gefühle zu schützen. Meinem Mann aber gefiel meine Reaktion nicht und er verteidigte seine Tochter. Wir stritten ständig über dieses Thema.«

In einer solchen Situation kann der erste Schritt darin bestehen, die eigenen Erwartungen zu überprüfen. Führt mein starker Wunsch nach einem Zusammenwachsen als Familie und nach einer harmonischen Atmosphäre dazu, dass ich die Spannungen überbewerte und dem anderen Vorwürfe mache? Was wäre, wenn ich den Liebeskonflikt des Kindes anerkennen würde, ohne zu erwarten, dass ich als Stiefelternteil dieses Problem auf schnellem Weg ausräumen kann? Im nächsten Kapitel werden wir Stiefeltern noch genauere Hinweise geben, wie sie sich verhalten können. Zunächst aber sollten Sie als Ehepaar sich darin einig sein, dass das verschlossene Herz eines Kindes Sie nicht gegeneinander aufbringen darf. Es mag ein herausfordernder Gedanke sein, aber Sie können einander weiterhin lieben, unabhängig davon, ob all die anderen Beziehungen in Ihrer Patchworkfamilie gut funktionieren oder nicht. Natürlich ist es nicht immer einfach, Ihre Gefühle füreinander von allem anderen abzugrenzen, doch denken Sie daran: Ihre Ehe motiviert die anderen Familienmitglieder dazu herauszufinden, wie sie Outsider in ihr Herz hineinlas-

> Als Eheppar sollten Sie sich darin einig sein, dass das verschlossene Herz eines Kindes Sie nicht gegeneinander aufbringen darf.

sen können. Wenn Sie sich gegeneinander wenden, dann wird ein unmotiviertes Kind dadurch nicht motiviert, sich für den Stiefvater oder die Stiefmutter zu erwärmen.

Wenn wir den Kindern nicht dabei helfen, ihren Verlust zu verarbeiten, kann das auch zum Hindernis für unsere Ehe werden. Raymond hatte zwei Affären, bevor er seine Frau und seine zwei Söhne verließ. Und er verließ sie wirklich. Seine Söhne sah er nur noch unregelmäßig, er bezahlte nur selten den Unterhalt und heiratete schon nach kurzer Zeit eine alleinstehende Mutter. Dann stürzte er sich mit ganzem Elan in seine neue Familie, während seine erste Familie das Nachsehen hatte. Das alles nahmen seine Söhne ihm sehr übel. Sie hatten die Liebe ihres Vaters verloren, ihr stabiles Familienleben, ihr Zuhause (weil ihre Mutter mit ihnen zu Verwandten ziehen musste), Freunde und die finanzielle Sicherheit. Man kann sich lebhaft vorstellen, wie das Gefühl der Verbitterung und des Verlustes bei den Kindern wuchs, nachdem sie von ihrem Vater wegen dessen neuer Frau und dem Stiefsohn so beiseitegeschoben worden waren.

Der Verlust ist der große Elefant im Raum. Darum müssen wir über ihn reden. Versuchen wir nicht, die Traurigkeit zu verdrängen und zu verlangen, dass ein Mensch sich für andere erwärmt. Sprechen wir lieber über den Elefanten. Gehen wir dorthin, wo die Traurigkeit herrscht, und teilen wir sie miteinander. Besonders Kinder brauchen jemanden, der versteht, was sie verloren haben, es sich objektiv anhört und ihnen hilft, die Dinge richtig einzuordnen. Sie brauchen eine liebevolle, sichere Führung auf dem Weg der Trauer. Wenn Menschen, die sie lieben und denen sie vertrauen, sie in ihrem Verlust trösten, so hilft das Kindern (und Erwachsenen) durch ihre Trauer hindurch. Sie werden wieder bereit,

> Gehen wir dorthin, wo die Traurigkeit herrscht, und teilen wir sie miteinander.

neue Risiken einzugehen und neue Beziehungen zu wagen. Und nebenbei stärkt gegenseitiger Trost auch die Ehe.

Bevor wir uns im nächsten Kapitel näher mit der Rolle der Stiefeltern beschäftigen, möchten wir an dieser Stelle noch über eine weitere Dynamik sprechen, die sich in einer Patchworkfamilie entwickeln und Auswirkungen auf die Ehe haben kann. Paare, die später im Leben heiraten und erwachsene Kinder (und vielleicht auch Enkel) haben, unterschätzen häufig, welche großen Veränderungen ihre Heirat für die Kinder mit sich bringt und wie diese auf finanzielle Fragen reagieren.

»Meine 27 Jahre alte Stieftochter hatte nach unserer Trauung einen Zusammenbruch«, berichtete eine Frau. »Sie weinte unkontrollierbar, während wir in die Flitterwochen aufbrachen. Kaum hatten wir das Gebäude verlassen, bekamen wir einen Anruf vom Sohn meines Mannes, der uns darüber informierte. Noch während mein Mann telefonierte, rief meine Tochter an, die ebenfalls noch in der Kirche war; sie erzählte, dass die erwachsenen Kinder meines Mannes nicht beim Aufräumen halfen, weil eines von ihnen einen Weinkrampf hätte und die anderen es trösten müssten. Mein Mann und ich sahen einander an und fragten uns: ›Was ist da denn los?‹ Nach fünf wundervollen Tagen kehrten wir von unserer Reise zurück und waren völlig unvorbereitet auf unser neues Leben als Patchworkfamilie.«

Erwachsene verhalten sich in unsicheren Zeiten manchmal eher wie Kinder. Warum? Weil ihre ganze Welt sich verändert – schon wieder. Sie merken, wie sie – wieder – die Kontrolle verlieren. Sie spüren – wieder – Loyalitätskonflikte. Sie verlieren – wieder – die Verbindung zu einem Elternteil, dessen Aufmerksamkeit vorher ungeteilt ihnen gehörte. Und sie verlieren ihr *Zuhause*.

Letzteres geschieht auf vielfältige Weise. Da ist zum einen das physische Zuhause. Stellen wir uns vor, ein Elternteil ist gestorben. Wenn die Kinder nach Hause kommen, dann begegnen sie dort der Erinnerung an ihren Vater oder ihre Mutter, die sie verloren haben. Doch was geschieht, wenn das Haus verkauft wird oder inzwischen andere Leute dort wohnen? Es ist kein Zuhause mehr. Wir können unser Zuhause auch auf emotionale Weise verlieren. Lauren Reitsema schreibt, dass Kinder jeden Alters sich immer noch mit Teilen ihres früheren Lebens identifizieren können, wenn ihre Eltern nach der Scheidung Singles bleiben. Sobald einer von beiden aber wieder heiratet, lösen sich diese Teile in Luft auf.[14] Das gilt für alle Kinder, egal ob sie fünf, fünfzehn oder fünfunddreißig Jahre alt sind.

Eine Einunddreißigjährige erzählte uns, wie es für sie ist, wenn sie an Weihnachten nach Hause kommt: »Es ist jetzt, als wäre ich eine Besucherin von außerhalb; dabei war es doch früher meine eigene Familie. Ich fühle mich unglaublich allein.«

Manchmal machen sich erwachsene Kinder auch Sorgen, weil ihr Vater oder ihre Mutter ihrer Meinung nach zu schnell wieder heiratet (»Ich glaube, er wird das bereuen«), weil eine andere Person darunter leiden wird (»Wie wird es Mama gehen, wenn Papa wieder heiratet?«) oder weil sie bei ihrem Elternteil eine Veränderung in den Entscheidungen oder der Persönlichkeit beobachten (»Papa war Mama gegenüber nie so lebhaft und warmherzig«). Unterm Strich bedeutet das: Erwachsene Kinder beschäftigen sich intensiv mit ihren Eltern und ihrer Familie – und wenn Vater oder Mutter sich entschließen, erneut zu heiraten, dann wirkt sich das auch ganz massiv auf ihr Leben aus.

Alles, was Sie in diesem Buch über Patchworkfamilien erfahren, betrifft auch Familien mit erwachsenen Kindern. Trauern Sie gemeinsam mit Ihren Kindern über das, was in der Vergangenheit passiert ist, und ignorieren Sie nicht ihre Bedenken angesichts Ihrer erneuten Heirat. Gehen Sie auf Ihre Kinder zu, so wie Sie auch auf Ihren neuen Partner zugehen. Lassen Sie Ihr Kind/Ihre Kinder und Ihren Partner ihre ganz eigene Beziehung aufbauen, in dem Tempo, wie es für sie gut ist. Versuchen Sie das Ganze nicht zu erzwingen. Und regeln Sie schon im Vorfeld die finanziellen Angelegenheiten, damit alle Beteiligten in dem Punkt beruhigt sein können.[15]

Die Furcht durch Liebe überwinden

In jeder Patchworkfamilie schlummert direkt unter der Oberfläche eine geheime Frage: Liebst du mich *wirklich* und kann ich dir vertrauen? Diese Frage kann auch in Ihrer Ehe existieren, ganz gleich ob sie aus Ihrer ehelichen Beziehung heraus entstanden ist oder durch die Patchworkfamilie aufgeworfen wurde. Nur eine treue, dauerhafte Liebe kann die Furcht überwinden.

Allzu oft warten Paare jedoch darauf, dass ihre Angst verschwindet, bevor sie sich liebevoll verhalten. Doch das geht nicht gut. Manchmal wird ein Partner auch kritisiert oder mit Wut konfrontiert, in der Hoffnung, dass er/sie sich dann mehr bemüht, Liebe zu zeigen. Aber das funktioniert genauso wenig. Vielleicht ziehen sich die Partner sogar lieber in die sichere Sphäre ihrer eigenen Kinder zurück, statt ihren Mann bzw. ihre Frau von ganzem Herzen zu lieben. Sie haben es sicher schon geahnt: Auch das ist kein guter Weg. Was aber können wir tun, um die Furcht hinter uns zu lassen und ins Licht zu gelangen? Wir können das tun, was die Liebe von uns verlangt.

Sie sind dran

Schreiben Sie auf, welche Erkenntnisse Sie in diesem Kapitel über sich selbst, Ihre Ehe und/oder Ihre Familie gewonnen haben. Welche Herausforderungen müssen Sie bewältigen? Wofür müssen Sie Mut aufbringen?

Weitere Anregungen

Wie Sie ganz praktisch die Liebessprache Ihres Partners sprechen können:[16]

Lob und Anerkennung

- Machen Sie Ihrem Partner einen Monat lang jeden Tag ein anderes Kompliment. Tun Sie das gelegentlich auch im Beisein von Familie und Freunden.
- Sagen Sie Ihrem Partner so oft wie möglich, dass Sie ihn/sie lieben.
- Achten Sie auf die Stärken Ihres Partners und formulieren Sie konkret, was Sie besonders daran schätzen: »Ich finde es gut, wie du auf Leute zugehst, die ein bisschen am Rande stehen.«
- Wenn Ihr Partner nicht da ist, nutzen Sie Anrufe, Text-/Sprachnachrichten oder die sozialen Medien, um mit ihm bzw. ihr in Kontakt zu bleiben und Ihre Beziehung zu stärken.

Zweisamkeit

- Bitten Sie Ihren Partner, fünf Aktivitäten aufzuschreiben, die er/sie gerne gemeinsam mit Ihnen unternehmen würde. Gehen Sie nicht davon aus, dass Sie schon wissen, was dann kommt. Planen Sie in den nächsten Monaten einmal pro Monat eine solche Aktivität.
- Überlegen Sie, was Ihr Partner gerne tut und Sie nicht. Sagen Sie ihm/ihr, dass Sie Ihren Horizont erweitern und diese Aktivität mit ihm/ihr gemeinsam unternehmen möchten. Legen Sie ein Datum fest und starten Sie einen Versuch.

- Planen Sie einen Wochenendausflug zu zweit. Organisieren Sie im Vorfeld alles Nötige (z. B. Unterbringung der Kinder bei den Großeltern, Delegieren von beruflichen Verpflichtungen), damit Sie die Zeit ungestört gemeinsam verbringen können.

Geschenke

- Kennen Sie den auf einem traditionellen englischen Weihnachtslied beruhenden Song von Reinhard Mey »Die zwölf Weihnachtstage«? Hier bekommt jemand ganz außergewöhnliche Dinge geschenkt. Wie wäre es mal mit etwas ganz Unerwartetem für Ihren Mann/Ihre Frau zum Geburtstag oder zu einem Jahrestag?
- Lassen Sie sich von der Natur inspirieren. Wenn Sie das nächste Mal spazieren gehen, halten Sie Ausschau nach einem schönen Stein, einem hübschen Zweig oder einer Feder, die Sie verschenken könnten. Wenn Sie etwas Symbolisches damit verbinden, wird Ihr Geschenk umso wertvoller sein.
- Machen Sie sich eine Liste mit Geschenkideen. Immer wenn Ihr Partner sagt: »So was hätte ich gern« oder »Das gefällt mir«, schreiben Sie es sich auf. So sammeln sich viele gute Ideen für Weihnachten, Geburtstage usw.

Hilfsbereitschaft

- Tun Sie jemandem, der Ihrem Partner wichtig ist, etwas Gutes.
- Schreiben Sie Ihrem Mann/Ihrer Frau eine Notiz: »Heute möchte ich dir meine Liebe zeigen, indem ich …« – Ergänzen Sie den Satz mit etwas, von dem Sie wissen, dass Ihr Partner sich sehr darüber freuen wür-

de. (Besonders gut kommt es an, wenn es etwas ist, das schon lange aufgeschoben wurde …)

- Wenn Ihr Partner unterwegs ist, erledigen Sie gemeinsam mit den Kindern etwas, womit Sie ihm/ihr helfen. Überraschen Sie Ihren Mann/Ihre Frau bei der Rückkehr damit.
- Nehmen Sie Ihrem Partner Kleinigkeiten ab, während er/sie die Lieblingssendung oder eine Sportübertragung anschaut. Kümmern Sie sich um die Kinder, das klingelnde Telefon, die Pizzalieferung usw., damit Ihr Mann/Ihre Frau die Sendung ohne Unterbrechung genießen kann.

Zärtlichkeit

- Nehmen Sie die Hand Ihres Partners, wenn Sie vom Parkplatz zum Supermarkt gehen.
- Gehen Sie auf Ihren Partner zu und fragen Sie: »Habe ich dir eigentlich in letzter Zeit mal gesagt, wie sehr ich dich liebe?« Nehmen Sie Ihren Mann/Ihre Frau in den Arm und streicheln Sie ihm/ihr den Rücken. Sagen Sie ihm/ihr, wie viel er/sie Ihnen bedeutet.
- Ergreifen Sie durch eine Fuß-, Nacken- oder Rückenmassage die Initiative zum Sex.
- Erinnern Sie sich daran, wie Sie Ihren Partner am Anfang berührt haben, als Sie sich kennenlernten. Tun Sie das wieder auf diese Weise, so als ob Sie sich ganz neu verlieben würden.

5. Gemeinsam liebevolle Beziehungen aufbauen – als Stiefeltern

Eine Frau erzählte beim Nachdenken über ihre Rolle als Stiefmutter: »Ich verstehe zwar die Liebessprache meiner Stiefkinder, aber sie verstehen meine nicht und bemühen sich auch gar nicht darum. Ich habe den Eindruck, sie denken, ich hätte gar keine Gefühle.«

Es ist nicht immer so extrem, aber es gibt für die meisten Stiefeltern durchaus Zeiten, in denen sie das Gefühl haben, vor allem zu geben und kaum etwas zurückzubekommen. Stiefeltern haben es nicht leicht. Sie tragen die Verantwortung für ein Kind, mit allen damit verbundenen Verpflichtungen und Ausgaben, bekommen aber viel weniger Dank zurück als leibliche Eltern – vor allem am Anfang, wenn die Kinder erst einmal herausfinden müssen, wie sie den neuen Elternteil einordnen sollen. Leibliche Eltern können nicht immer nachvollziehen, wie schwer das ist, denn bei ihnen ist es oftmals anders: Selbst in den schwierigsten Zeiten sind ihre Kinder bereit, ihnen zu vergeben und sich schnell wieder mit ihnen zu versöhnen. Leibliche Eltern hören auch in vielen Fällen regelmäßig den Satz »Ich hab dich lieb, Mama/Papa«; sie bekommen eine Umarmung oder ein Lächeln, das ihnen zeigen soll: »Du bist mir wichtig und ich möchte, dass du zu meinem Leben gehörst.«

All das fällt ihren Kindern in der Regel leicht und sie denken gar nicht groß darüber nach. Stiefeltern dagegen müssen sich jede Belohnung hart verdienen.

Der Grund dafür liegt meistens in einer Beziehung, die durch Liebeskonflikte (Loyalitätsprobleme) gestört ist sowie durch die geringe Motivation des Kindes, sich liebevoll zu verhalten und eine Beziehung aufzubauen. Wenn es Stiefeltern jedoch gelungen ist, diese Herausforderungen zu überwinden, erwartet sie viel Gutes (zusammen mit all den elterlichen Sorgen, die auch leibliche Eltern empfinden).

Ob eine Patchworkfamilie zu einem sowohl für die Erwachsenen als auch für die Kinder zufriedenstellenden Miteinander findet, hängt nicht zuletzt davon ab, ob Stiefvater oder Stiefmutter eine Rolle innerhalb der Familie finden, die sie gut ausfüllen können. Zu diesem Prozess leisten alle ihren Beitrag. Wenn Sie Stiefmutter oder Stiefvater sind, bedeutet das für Sie, dass Sie Ihren Platz finden, Ihre Rolle definieren und sich selbst als vertrauenswürdige Elternfigur etablieren müssen. Das sind die Grundvoraussetzungen, um liebevolle Beziehungen aufzubauen.

Liebevoll leiten. Auf Zeichen der Liebe achten.

In Kapitel 4 haben wir Jeremy und Cynthia kennengelernt, die jeweils gegenseitig ihre Liebessprache herausgefunden hatten. Während dieses Prozesses dachten sie auch darüber nach, wie sie liebevolle Beziehungen zu ihren Stiefkindern aufbauen könnten. Beide brachten eigene Kinder mit in die Ehe. Jeremy hatte zwei Söhne und eine Tochter (die älteste), Cynthia zwei Söhne.

»Ich war seit zehn Jahren alleinerziehend, als Cynthia in unser Leben trat«, erzählte uns Jeremy. »Während ihrer Teenagerzeit war meine Tochter Chloe die einzige Frau im Haus gewesen. Wenn wir zum Beispiel Handtücher oder Ähnliches kauften, wählte sie die Farbe aus. Dann aber kam Cynthia dazu, die ihre eigenen Vorstellungen hatte, wie wir unser Zuhause gestalten, was wir essen sollten und so weiter. Wie man sich denken kann, fühlte sich Chloe zurückgesetzt. Die beiden stritten andauernd.«

»Es ist schwierig für mich, Chloe liebevoll zu begegnen, wenn sie sich immer so distanziert verhält, selbst jetzt als Erwachsene«, sagte Cynthia. »Im Laufe der Jahre gab es kleine Annäherungen, aber sie hatte immer sofort Schuldgefühle gegenüber ihrer Mutter und zog sich wieder zurück. Diese mal warme, mal kalte Reaktion von ihr hat es mir schwer gemacht, ihr beständig mit Liebe zu begegnen. Also versuche ich es heute, indem ich ihre Tochter liebe, meine Enkelin.«

> Es ist schwer, auf jemanden zuzugehen, der sich ständig von einem entfernt.

Cynthia übernimmt liebevoll die Leitung und sucht immer wieder nach Wegen, um ihre Liebe zum Ausdruck zu bringen (in diesem Fall durch ihre Enkelin). Es ist schwer, auf jemanden zuzugehen, der sich ständig von einem entfernt. Doch erfolgreiche Stiefeltern leiten liebevoll und beständig. Sie tun das weise und sie geben nicht auf. Ihre Hingabe lässt die Motivation des Kindes, die Liebe zu erwidern, wachsen. Wenn Ihre Bemühungen also auf Gegenliebe stoßen, dann genießen Sie jede Minute davon. Und wenn nicht, reduzieren Sie die Intensität Ihrer Bemühungen, suchen aber weiterhin nach

Wegen, um Ihre Liebe zu vermitteln (mehr dazu später in diesem Kapitel).

Weiterhin am Ball zu bleiben, wird Ihnen möglicherweise leichter fallen, wenn Sie sich in die Lage Ihres Stiefkindes versetzen und überlegen, warum es so sehr auf Distanz bleibt. Chloe war zu Hause die »Prinzessin«, bevor sie von der neuen »Königin« entthront wurde. Es ist für Eltern manchmal nicht so einfach nachzuvollziehen, wie wichtig solche Rollen für Kinder sind. Chloe bedeuteten der Beitrag, den sie für die Familie leistete, und die Führungsrolle, die sie gegenüber den jüngeren Geschwistern übernahm, sehr viel. Das alles verlor sie, als Cynthia in die Familie kam. Nun musste Chloe nicht nur mit ihr um die Zeit und Energie ihres Vaters konkurrieren, sondern auch darum kämpfen, ihre wichtige Rolle beizubehalten.

Eine Veränderung in der Geschwisterkonstellation wirkt sich auf Kinder ähnlich aus. Ein Kind, das ursprünglich in der Familie das älteste gewesen ist, wird in der anderen Familie zu einem mittleren Kind, das sich ein wenig verloren vorkommt. Oder ein verspieltes Nesthäkchen, das in der Familie seines Vaters viel Aufmerksamkeit bekommt, ist bei Mama und dem Stiefvater so gut wie unsichtbar, weil die beiden gerade Eltern von Zwillingen geworden sind. Veränderungen wie diese wirken sich auf das Selbstwertgefühl von Kindern aus und bedeuten einen weiteren Verlust in einer langen Geschichte von Verlusten und unerwünschten Umbrüchen. Kein Wunder, dass es in Chloes Herz zunächst keinen Platz für Cynthia gab. Cynthia musste in dieser Situation behutsam und weise vorgehen.

Der zweite Grund, warum Chloe von Anfang an auf Distanz blieb, ist ein Liebeskonflikt. Im Normalfall sollten Stiefeltern davon ausgehen, dass Kinder in erster Linie ihren leiblichen Eltern gegenüber loyal bleiben (egal ob diese noch am Leben sind oder nicht). Als Chloe sich hin und wieder Cynthia annäherte, fühlte sie sich jedes Mal schuldig, als würde sie ihre Mutter für eine neue Beziehung mit Cynthia im Stich lassen. Wenn ein Kind das Gefühl hat, einen Elternteil schützen und einen Konflikt vermeiden zu müssen, dann kostet das viel Kraft und das Kind muss stets wachsam sein. Das kann emotional sehr belastend werden.

Obwohl Cynthia durch Chloes »mal warme, mal kalte Reaktion« irritiert war, fand sie einen Weg, damit umzugehen. Sie übernahm weiterhin liebevoll die Leitung, tat das aber in einem Tempo, das Chloe akzeptieren konnte. Manchmal ist es auch hilfreich, die Ängste eines Kindes direkt anzusprechen.

»Chloe, du bist mir wirklich wichtig und ich bin froh, dass du zu meinem Leben dazugehörst. Und es ist für mich eine Ehre, dass ich eine kleine Rolle in deinem spielen darf. Mir ist aber auch klar, wie wichtig deine Mutter für dich ist – und so soll das ja auch sein. Ich werde nie versuchen, ihr den Platz streitig zu machen. Sie ist deine Mama und ich respektiere sie.«

Das Ziel einer solchen Äußerung besteht darin, dem Kind die Angst zu nehmen, dass das Stiefelternteil mit dem nun außenstehenden leiblichen Elternteil konkurrieren möchte. Wenn Chloe sich um dieses Thema keine Sorgen mehr machen muss, dann wird sie es sich vielleicht selbst gestatten, mehr auf Cynthia zuzugehen.

Außerdem würden wir Cynthia raten, dieselbe Botschaft auch direkt an Chloes Mutter zu richten. Wenn diese nämlich nicht mehr so sehr mit Cynthias Rolle in Chloes Leben hadert, wird sie Cynthia gegenüber entspannter sein und das wiederum hilft Chloe, entspannter zu werden.[17]

Cynthias Mann Jeremy wiederum machte seine eigenen Erfahrungen mit Cynthias Söhnen. Jeremy und sein Stiefsohn David hatten eine schwierige Beziehung. Es fing alles ganz gut an – zu dem Zeitpunkt war David acht Jahre alt –, doch die Situation verschlechterte sich mit Davids Eintritt ins

Teenageralter (was nicht ungewöhnlich ist). Jahrelang hatten sie Auseinandersetzungen. Sie wissen vielleicht noch, dass Jeremys Sprache der Liebe die Hilfsbereitschaft ist. Zu Beginn seiner Ehe mit Cynthia meinte er, seiner Frau auf diese Weise am besten seine Liebe zeigen zu können. Auch seinen beiden Stiefsöhnen gegenüber ging er von dieser falschen Annahme aus.

»Ich versuchte David meine Liebe zu zeigen, indem ich etwas für ihn tat. Ich reparierte seinen kleinen Truck, wusch sein Geschirr ab und räumte hinter ihm auf. Aber er dankte mir nichts davon.«

Das dachte Jeremy zumindest am Anfang.

»Es ist nicht so einfach, erwachsene Stiefkinder richtig kennenzulernen. Weil sie so weit weg wohnen und immer so viel zu tun haben, fiel es mir schwer, ihre Liebessprache herauszufinden.«

Durch die Ergebnisse des Online-Tests auf 5LoveLanguages.com erhielt Jeremy wichtige Erkenntnisse. Er entdeckte, dass Davids Liebessprache Lob und Anerkennung ist. Dadurch ging ihm in zweierlei Hinsicht ein Licht auf. Erstens tat er David von da an nicht nur den einen oder anderen Gefallen, sondern machte ihm auch Komplimente und ermutigte ihn mit Worten. Zweitens wurde ihm klar, dass David seine Bemühungen die ganze Zeit über wahrgenommen hatte.

»Er sagte es zwar nicht zu mir, aber er erzählte anderen, was ich alles für ihn tat«, erklärte Jeremy. »Wenn er mich seinen Freunden vorstellte, dann sagte er zum Beispiel: ›Das ist mein Stiefvater Jeremy; er hat meinen Truck repariert.‹«

David bemerkte also durchaus, was Jeremy für ihn tat. Und er war ihm dafür dankbar.

Cynthia ergänzte: »David sagte Jeremy nie direkt, dass er ihn mochte. Aber er sagte nette Dinge über ihn. Das zu verstehen, hat uns sehr geholfen.«

Cynthia erlebte Ähnliches mit Jeremys Söhnen James und Andrew. Die Liebessprache der beiden ist Zweisamkeit. Auf Festen war James gern in Cynthias Nähe, selbst wenn seine leibliche Mutter auch anwesend war.

»Aber er würde mir nie sagen, dass er mich lieb hat«, fügte Cynthia hinzu. »Er bringt das, aus welchem Grund auch immer, nicht über die Lippen. Aber er verbringt gern Zeit mit mir und redet mit mir.«

Auch Andrew konnte Cynthia nicht sagen, dass er sie mochte.

»Aber wir unterhalten uns über alles Mögliche. Er fragt mich nach meiner Meinung, setzt sich zu mir und spricht mit mir, selbst wenn seine Mutter und ihr Partner mit im Raum sind.«

Hier wird etwas ganz Wichtiges für Stiefeltern deutlich: Sie sollten nicht nur liebevoll die Führung übernehmen, sondern auch auf Zeichen der Liebe in der Sprache des Kindes achten. Drei von Cynthias und Jeremys fünf Kindern würden nie »Ich hab dich lieb« zu ihrem Stiefelternteil sagen, aber sie alle brachten ihre Liebe auf ihre eigene Art und Weise zum Ausdruck. Vielleicht bekommen Sie gar nicht mit, dass Ihre Stiefkinder ihre Liebe indirekt ausdrücken, weil Sie nur mit den Ohren zuhören. Lernen Sie, auch mit den Augen zuzuhören (wenn das Kind Ihnen hilft), mit Ihrer Aufmerksamkeit (wenn es Zeit mit Ihnen verbringt), mit Ihren Armen (wenn es Sie berührt) oder mit Ihren Händen (wenn es Ihnen ein Geschenk macht). Hören Sie aber vor allem mit Ihrem Herzen hin. Lernen Sie, dankbar zu sein für das, was das Kind Ihnen mitteilt – egal auf welche Weise es das tut. Loyalitätskonflikte und die Trauer um verlorene Familienmitglieder mögen dazu führen, dass ein Kind seine Dankbarkeit oder Liebe nicht direkt formulieren kann (mit Worten). Seien Sie also weise genug, auch die indirekten Botschaften zu verstehen und sich diese zu Herzen zu nehmen.

Liebevoll führen und auf Zeichen der Liebe achten – das wird Ihnen dabei helfen, Ihren Platz im neuen Zuhause zu finden und ihn zu festigen. Doch Sie sollten sich zugleich als vertrauenswürdige Elternfigur etablieren.

Die fünf »Gs« für den richtigen Umgang mit Stiefkindern

Gemeinsam mit dem Partner handeln

Hier geht es darum, die Beziehung zu Ihrem Partner zu stärken, damit Sie Ihre Kinder gemeinsam lieben und leiten können. Das geschieht auf zweierlei Weise.

Erstens brauchen Sie eine starke Ehe. Eine solide, verlässliche Beziehung bestärkt Sie beide darin, Ihre Elternrolle gut auszufüllen. Und für die Stiefmutter oder den Stiefvater bedeutet es, dass er/sie ebenfalls einen Anteil an der elterlichen Autorität bekommt. Elternsein ist nicht einfach; es verlangt uns viel ab. Und wie Sie sicherlich schon bemerkt haben, ist das oftmals eine Art Einbahnstraße, bis die Kinder eine gewisse Reife erlangt haben. Wir sind die Gebenden und sie sind die Nehmenden! Was uns dazu anspornt, so viel von uns selbst in unsere Kinder zu investieren, ist bei vielen die Beziehung zu Gott (der unsere Herzen immer wieder mit seiner Liebe erfüllt) und, wie bereits genannt, eine gesunde Ehe. Anders ausgedrückt: Wenn Sie in Ihre Beziehung investieren, investieren Sie damit auch kontinuierlich in Ihre Stiefkinder.

Damit das möglich ist, müssen Sie beide Ihrem Partner Ihre oberste Loyalität zukommen lassen und sich ganz und gar aneinander binden, »bis dass der Tod euch scheidet«. Eine dauerhafte, hingebungsvolle Beziehung schafft sowohl für die

Erwachsenen als auch für die Kinder eine Umgebung der Geborgenheit. Manchen Eltern mag dieser Schritt schwerfallen. Es ist eine Sache, ob man bei der ersten Eheschließung Vater und Mutter »verlässt«, um eine neue Familie zu gründen. Doch die Kinder zu »verlassen« (dem Ehepartner die oberste Loyalität zukommen zu lassen), ist etwas ganz anderes. Es ist jedoch notwendig, diese Umgewichtung vorzunehmen, weil sonst alle – Sie selbst, Ihre Kinder und Ihr Partner – immer auf unsicherem Boden stehen und sich fragen werden, welche Belastung Ihre ehelichen Bande wohl sprengen wird. Ein Stiefvater oder eine Stiefmutter kann im neuen Zuhause niemals Fuß fassen, wenn der leibliche Elternteil dessen/deren Status gegenüber den Kindern nicht erhöht. Sie beide müssen eine starke Ehe haben.

Doch verstehen Sie uns bitte nicht falsch: Das bedeutet nicht, dass Sie Ihre Kinder vernachlässigen sollen! Es soll nur heißen, dass Sie auf lange Sicht nicht die Loyalität gegenüber Ihrem Partner zu kurz kommen lassen. Ein Paar in erster Ehe, das seine leiblichen Kinder großzieht, vernachlässigt diese ja auch nicht, aber die Ehe dient als Grundlage der Familie – und so sollte es bei Ihnen auch sein.

Zweitens müssen Sie als Elternpaar zusammenarbeiten und auf die Stärken des anderen zurückgreifen. Rons Frau Nan ist seit fast zwei Jahrzehnten Lehrerin. Sie hat als Schulleiterin gearbeitet, als Klassenlehrerin und als Vertretungskraft. Aus gutem Grund möchte sie nicht so gern nur die Vertretung sein. Sie ahnen sicherlich schon, warum. Wissen Sie noch, wie es war, wenn Sie in der Schule Vertretungsunterricht hatten? Dann hatte die Klasse leichtes Spiel! Jeder weiß, dass Vertretungslehrkräfte sich ein bisschen fehl am Platz fühlen, die Routineabläufe nicht so richtig kennen und deshalb manchmal manipuliert werden können. Doch dieselben Schüler, die einer Vertretungslehrkraft das Leben schwer machen, behandeln ihren Klassenlehrer mit Respekt. Warum? Weil dieser eine klar definierte Rolle und Beziehung zu den Schülern hat, ein Vertretungslehrer jedoch nicht.

So ist es auch bei leiblichen Eltern. Sie haben eine klar definierte Rolle und Beziehung zu ihren Kindern, Stiefeltern jedoch nicht, zumindest nicht am Anfang. Sie sind nur Ersatzeltern. Und wenn der leibliche Elternteil ihnen nicht den Rücken stärkt, dann kommt es wie im Klassenzimmer zu unangenehmen Erlebnissen. Das wiederum führt uns zu dem Thema, wie wir das Verhalten eines Kindes in die richtigen Bahnen lenken können.

Die Erziehung von Kindern wird manchmal mit Bestrafung verwechselt. Bei der Erziehung geht es darum, dem Kind etwas beizubringen. Sein Charakter soll geformt werden und es soll wichtige ethische Grundlagen für sein Leben erlernen. Bei der Bestrafung geht es ums Korrigieren und ums Vermitteln von Konsequenzen. Sie ist eine negative Form der Erziehung. Stiefeltern können ein Kind von Anfang an miterziehen, sollten – im Sinne der »Niedriggarmethode« – mit Bestrafungen jedoch sehr sparsam sein, solange noch keine engere Bindung und kein Vertrauensverhältnis zum Kind bestehen.

Die leiblichen Eltern sollten die Leitung übernehmen, wenn es um Strafen geht. Auf diese Weise greifen sie auf ihre eigene stärkere Position zurück und unterstützen den anderen, indem sie ihn nicht in eine schwierige Lage bringen. Wenn sie ihren Kindern vermitteln, dass ihr/e Stiefvater/-mutter »das Sagen hat, während ich weg bin«, ermöglichen sie dem »Ersatzelternteil« ein Erfolgserlebnis. Und wenn sie freundlich, aber bestimmt darauf bestehen, dass ihr Teenager sich respektvoll verhält (»So redest du nicht mit meinem Mann«), geben sie dem Partner damit die Chance, in der Familie als Autoritätsperson wahrgenommen zu werden.

Stiefeltern wiederum arbeiten mit ihrem Partner bzw. ihrer Partnerin zusammen, indem sie ihn/sie stets mit einbeziehen, bevor sie Regeln oder Traditionen in der Familie verändern. Und sie nutzen ihre eigene Stärke dann, wenn sie nicht zu große Anforderungen an sich selbst stellen. Wenn sie zum Beispiel meinen, alle »Lücken« im Leben eines Kindes ausfüllen zu können, ist das zwar gut gemeint, aber unrealistisch. Eine Stiefmutter meinte, die gewohnte Ernährung ihres Mannes und seiner Söhne ändern zu müssen. Sie sollten um jeden Preis »gesünder leben«. Tatsächlich hätte das die Frau beinahe um etwas sehr Wichtiges gebracht, nämlich um ihren Platz in der Familie. Also: Solange Ihr Status in der Familie noch nicht gefestigt ist, arbeiten Sie besser mit Ihrem Partner zusammen und gehen Veränderungen nur sehr behutsam an.

Im Laufe der Zeit können Stiefeltern ihre Beziehung zu den Stiefkindern klären und in deren Leben enormen Einfluss und Autorität gewinnen. Vielleicht fangen Sie als Vertretungslehrkraft an, doch wenn Sie die fünf »Gs« beachten, wird es nicht dabei bleiben. In den meisten Fällen wird sich die Beziehung zu den Kindern vertiefen und Sie werden eine immer wichtigere Rolle in deren Leben spielen.

Typische Fehler von Stiefeltern:

- Zu harte Kritik an den Stiefkindern oder an den Erziehungsmethoden des Partners. Seien Sie vorsichtig, wie Sie Ihre Kritik anbringen, selbst wenn Sie sie für konstruktiv halten. Beginnen Sie Ihre Beobachtungen mit Worten wie: »Ich mache mir Sorgen um Tim, weil …«
- Liebe und Zuneigung oder eine liebevolle Anrede einfordern (»Sag doch Mama zu mir«).
- Die Zeit, die der Partner mit seinem eigenen Kind verbringt, als Bedrohung empfinden. Wenn er nämlich

seine Zeit und Kraft gut zwischen Ihnen und Ihren Stiefkindern aufteilt, kann Ihnen das dabei helfen, Ihren Platz in der Familie zu finden.

Typische Fehler von leiblichen Eltern:

- Sich lähmen lassen. Schuldgefühle hinsichtlich der Vergangenheit, Sorgen um die Zukunft der Kinder oder die Traurigkeit über die Zustände in der Familie können Eltern lähmen, sodass sie den Kindern keine Grenzen mehr setzen oder sie keine Konsequenzen spüren lassen. Widerstehen Sie dieser Versuchung.
- Sich ein Vetorecht vorbehalten. Behindern Sie nicht den Einfluss Ihres Ehepartners oder sein Engagement als Stiefelternteil, weil es sich um »Ihre Kinder« handelt. Geben Sie Ihrem Mann/Ihrer Frau Raum.
- Den Gefühlen des Partners gegenüber dem Stiefkind misstrauen. Es mag sein, dass Sie nicht hundertprozentig damit einverstanden sind, wie Ihr Mann/Ihre Frau mit Ihrem Kind umgeht, doch hüten Sie sich davor, ihn/sie als lieblos oder gleichgültig zu verdächtigen. Das bringt Sie beide gegeneinander auf und vermittelt den Kindern, dass sie ihren Stiefvater bzw. ihre Stiefmutter nicht zu respektieren brauchen.

Gemeinschaft suchen

Wenn Sie die Freundschaft eines Menschen gewinnen möchten, dann müssen Sie sich auf ihn zubewegen – und zwar auf eine solche Weise, dass es dem anderen leichter fällt, sich Ihnen zu öffnen und schließlich auch auf Sie zuzugehen. Kluge Stiefeltern beschäftigen sich mit dem, was ihre Stiefkinder interessiert. Seien Sie fröhlich und warmherzig. Lächeln Sie die Kinder an. Verbringen Sie Zeit mit ihnen, mit Aktivitäten, die sie gerne mögen. Wenn Sie selbst unnahbar sind, müssen Sie sich nicht wundern, wenn die Kinder nicht mit Ihnen zusammen sein möchten.

Tipps, um die Gemeinschaft zu fördern:

- Interessieren Sie sich für das, was Ihre Stiefkinder interessiert. Reden Sie mit Ihnen über Ihre eigenen Talente, Fähigkeiten und Interessen. Versuchen Sie, Gemeinsamkeiten zu finden.
- Zeigen Sie den Kindern, dass es Ihnen wichtig ist, gut mit ihnen auszukommen. »Ich möchte dich gern näher kennenlernen.«
- Seien sie der größte Cheerleader im Leben Ihrer Stiefkinder. Schenken Sie ihren Bemühungen Applaus und zeigen Sie, dass Sie ihnen etwas zutrauen.
- Seien Sie zurückhaltend mit Kommentaren wie: »Meine Kinder haben so etwas nie gemacht« oder »Deine Tochter verhält sich unmöglich«. Das kann dazu führen, dass Ihr Partner misstrauisch wird und meint, seine Kinder verteidigen zu müssen.
- Machen Sie Ihren Stiefkindern deutlich, dass Sie nicht deren Mutter bzw. Vater ersetzen wollen. Fördern Sie nach Kräften die Beziehung des Kindes zum anderen leiblichen Elternteil bzw. würdigen Sie die Erinnerung an den verstorbenen Elternteil.
- Eine gute Möglichkeit, um die Gemeinschaft mit den Stiefkindern zu fördern, ist die Anteilnahme an ihrem Alltag. Fahren Sie mit ihnen zum Fußballtraining, fragen Sie, wie die Mathearbeit war, und spielen Sie mit ihnen.

- Respektieren Sie den Grad der Offenheit Ihres Stiefkindes. Wenn es noch nicht so gern etwas mit Ihnen allein unternimmt, sorgen Sie für Aktivitäten, an denen auch andere Personen teilnehmen. Steuern Sie langsam auf Unternehmungen zu zweit zu.
- Seien Sie sensibel gegenüber dem Verlust, den Ihr Stiefkind erlitten hat. Zeigen Sie Mitgefühl, gestatten Sie ihm, über seine Trauer zu sprechen, und fördern Sie den Kontakt des Kindes zu dem anderen leiblichen Elternteil oder anderen Verwandten, die nicht in Ihrem Haushalt leben. Mitgefühl hat etwas Anziehendes.
- Eine Patchworkfamilie braucht im Durchschnitt fünf bis sieben Jahre, bis die Familienmitglieder zusammengefunden und tragfähige Beziehungen aufgebaut haben. Haben Sie also Geduld.

Die wichtigste und zweitwichtigste Liebessprache eines Kindes zu kennen und einzusetzen, ist eine der besten Möglichkeiten, um einen Zugang zu ihm zu finden. Cynthia und Jeremy nutzten dazu den Online-Test (5lovelanguages.com). Eine verkürzte Version davon finden Sie auch am Ende von Kapitel 2. Eine Zusammenfassung dessen, wie Sie die Liebessprache eines Kindes am besten entdecken können, geben wir am Ende dieses Kapitels.

Wenn Ihre Stiefkinder erwachsen sind, sollte Ihr Vorgehen zu Beginn darin bestehen, *freundlich* und nicht unbedingt offen »liebevoll« zu sein. Wenn wir Ihnen die Aufgabe stellen würden, mit einem neuen Nachbarn Freundschaft zu schließen, dann würden Sie ihm wahrscheinlich nicht schon bei der ersten Begrüßung um den Hals fallen und ihm einen Kuss auf die Wange drücken (es sei denn, das wäre in Ihrer Kultur so üblich). Ihr oberstes Ziel ist also Freundlichkeit. Das können Ihre Stiefkinder wahrscheinlich besser annehmen.

Unabhängig vom Alter des Kindes kann es natürlich sein, dass Sie beide gerade das erste Mal etwas von den fünf Sprachen der Liebe gehört haben. Oder die leiblichen Eltern kennen schon die Sprache ihres Kindes, während dies für Stiefvater oder Stiefmutter noch Neuland ist. Leibliche Eltern können hier zwar manches weitergeben, aber beide Seiten sollten wissen, dass die Umwälzungen der Vergangenheit für ein Kind so traumatisch gewesen sein können, dass es seine Liebessprache entweder verändert hat oder ihm diese verdorben wurde.

Noahs Liebessprache war Zweisamkeit. Er und sein Vater verbrachten früher viele Stunden gemeinsam mit Wandertouren und Angeln. Doch seit der Scheidung hat sein Vater kaum noch Zeit für ihn. Und wenn er zu Besuch kommt, dann hängt er an seinem Smartphone, um berufliche Gespräche zu führen oder mit seiner neuesten Freundin zu telefonieren. Das hat dazu geführt, dass Noah seinen Vater gar nicht mehr sehen will, wenn dieser sich ankündigt. Auch mit seinem Stiefvater möchte Noah nicht viel Zeit verbringen, obwohl dieser sich sehr darum bemüht, Noahs Liebessprache zu sprechen. Schuldgefühle, Liebeskonflikte und Verletzungen aus der Vergangenheit haben dazu geführt, dass Noah für Zweisamkeit nicht mehr empfänglich ist.

Es könnte sein, dass Noahs Mutter nach wie vor seine Liebessprache der Zweisamkeit sprechen kann, auch wenn das seinem Stiefvater nicht gelingt, zumindest noch nicht. Er sollte dennoch weiterhin die Gemeinschaft mit Noah suchen, dabei aber den »Weg des geringsten Widerstands« gehen, wie in Kapitel 3 besprochen: mit den am wenigsten aufdringlichen Liebessprachen beginnen – Geschenke, Hilfsbereitschaft, Lob und Anerkennung – und dann zu den persönlicheren übergehen – Zweisamkeit und Zärtlichkeit.

Wenn sowohl der leibliche Elternteil als auch Stiefvater oder

Stiefmutter sich darum bemühen, die Liebessprache des Kindes zu sprechen, können sie die meiste Zeit über bestmöglich mit ihm kommunizieren. Allerdings sollten beide auch immer wieder die anderen Liebessprachen einsetzen. Wir alle möchten Liebe auf vielfältige Weise erfahren und auch selbst nicht immer nur in einer Sprache kommunizieren. Das gilt besonders für die Liebessprache der Geschenke: Wenn wir immer nur Geschenke geben, kann das bei einem Kind schließlich zu einer materialistischen Weltsicht führen.

Und es gibt noch eine weitere Gefahr für Stiefeltern: Wenn wir uns sehr um die Gemeinschaft mit einem Menschen bemühen, machen wir uns dadurch verletzlich. Wir geben die Macht in die Hände eines Kindes, das uns gegenüber womöglich verschlossen ist. Wer sich in einer Beziehung am wenigsten Mühe gibt, hat immer die größte Macht. Das ist ein weiterer Grund, warum es so wichtig ist, mit Ihrem Mann/Ihrer Frau eng zusammenzuarbeiten. Denn er/sie ist in der Lage, jeder Manipulation einen Riegel vorzuschieben.

Ihre Bemühungen um eine tiefere Gemeinschaft mit Ihrem Stiefkind sollten Sie auch nicht dazu verleiten, dass Sie zu nachgiebig werden. Sie haben immer noch das Recht, Nein zu sagen, auch wenn Sie das Kind dadurch enttäuschen. Wenn Sie das nicht tun, kann es sein, dass es Sie niemals respektieren wird. Versuchen Sie einerseits, die Freundschaft und das gegenseitige Vertrauen zu vertiefen, und bleiben Sie zugleich der Erwachsene, der den Ton angibt.

Und als ob das noch nicht kompliziert genug wäre, müssen Sie auch noch die Gefühle Ihres leiblichen Kindes im Blick behalten, während Sie auf Ihr Stiefkind zugehen.

Ein Stiefvater fragte: »Wie finde ich die richtige Balance, wenn ich meinem Stiefkind Geschenke gebe und mein eigenes Kind, dessen Liebessprache eine andere ist, sieht, wie das andere Kind etwas von mir bekommt?«

Die Antwort lautet, weiterhin jedes der Kinder so gut wie

möglich zu lieben. Nicht alles muss gleich sein (beim Beschenken zum Beispiel), aber es sollte gerecht sein (also allgemein vergleichbar).

Und natürlich kann man seinem Kind auch eine Erklärung geben: »Ich würde dir ja auch ein Geschenk kaufen, aber ich weiß, dass es dir eigentlich viel wichtiger ist, Zeit mit mir zu verbringen. Lass uns doch dieses Wochenende etwas gemeinsam unternehmen, nur du und ich.«

Geschwindigkeit anpassen

Wenn Sie Ihr Stiefkind für sich gewinnen wollen, lassen Sie es das Tempo bestimmen. Schätzen Sie ein, wie offen das Kind ist, und passen Sie Ihre Geschwindigkeit an.

Wir haben Stiefeltern im Verlauf des Buches schon an verschiedenen Stellen davor gewarnt, von ihrem Stiefkind Liebe zu fordern oder sich ihm aufzudrängen. Das Prinzip des richtigen Tempos kann diese Warnungen aber überflüssig machen. Wenn das Kind Ihnen sein Herz weit öffnet, halten Sie sich nicht zurück! Sich der Geschwindigkeit des Kindes anzupassen, heißt aber auch, die Distanz zu wahren, wenn das Kind verschlossen ist oder nicht weiß, wie es mit Ihnen umgehen soll. Es kann sein, dass dies gar nichts mit Ihnen persönlich zu tun hat. Wie viel Zeit man miteinander verbringen kann, wird oft auch durch die Besuchsregelung oder die allgemeine Lebenssituation bestimmt. Machen Sie einfach das Beste aus dem, was das Kind zu geben bereit ist; nutzen Sie die Gelegenheiten, die sich bieten, und vertrauen Sie darauf, dass die Zeit die Wirkung dessen verstärkt, was Sie tun.

Geduld haben

Die komplizierte Situation einer Patchworkfamilie erfordert Ausdauer.

»Mein Stiefsohn und ich finden immer wieder einen guten Rhythmus des Gebens und Empfangens von Liebe – bis er für ein paar Tage zu seiner Mutter geht. Danach ist er mir gegenüber eine Weile ganz anders und wir müssen erst wieder zusammenfinden.«

Das ist eine nicht ungewöhnliche Erfahrung vieler Stiefeltern. In solchen Zeiten braucht es Geduld.

Auch Geduld mit sich selbst.

»Am Anfang fühlte ich mich komplett überfordert. Immer wieder musste ich mich für eine Weile zurückziehen, um Luft zu holen. Erst dann hatte ich das Gefühl, meinen Stiefkindern wieder etwas geben zu können, ohne es ihnen übel zu nehmen, dass sie nicht mit mir in meiner Liebessprache redeten.«

Diese Art von Selbstschutz ist weise, sollte aber unbedingt mit dem Partner abgesprochen werden, damit es wegen des kleinen Rückzuges nicht zu Verstimmungen kommt.

Paradoxerweise ist allzu großer Eifer eine Falle, in die viele wohlmeinende Stiefeltern geraten. Sie geben ohne Grenzen und erwarten Dank dafür. Viele »böse Stiefmütter« sind in Wirklichkeit nur übereifrig und versuchen dem Kind, das viele schmerzvolle Erfahrungen hinter sich hat, alles recht zu machen. Wenn Stiefmütter das Leben des Kindes wieder in Ordnung bringen wollen und sich verzweifelt um dessen Liebe und Annahme bemühen, wirken sie oft herrisch und emotional instabil.

> Allzu großer Eifer ist eine Falle, in die viele wohlmeinende Stiefeltern geraten.

In einer Patchworkfamilie ist vieles in Bewegung und das Herz eines Kindes hat so manche tieferen Schichten, die wir als Stiefeltern meistens gar nicht beeinflussen können. Also gönnen wir uns besser hin und wieder eine Pause und halten die Erwartung zurück, dass wir in Windeseile eine tiefe Verbindung zu unserem Stiefkind herstellen und in seinem Leben eine tragende Rolle spielen können. Das hilft uns dabei, unseren Erfolg oder Misserfolg als Stiefeltern nicht daran festzumachen, wie offen das Kind uns gegenüber ist. Wir bekommen dadurch eine etwas dickere Haut, damit wir auch schwierige Situationen überstehen können. Am Ende trägt die Geduld uns auch durch unsichere Zeiten hindurch und nimmt etwas Druck aus den Loyalitätskonflikten, in denen die Kinder sich befinden.

Geradlinig das Ziel verfolgen

Das Auf und Ab im Leben als Stiefeltern kann entmutigend sein. Die Versuchung ist groß, sich emotional zurückzuziehen, beleidigt zu sein, die Kinder zu bestrafen, wütend zu werden, sich nur noch um die eigenen Kinder zu kümmern oder einfach aufzugeben. Besser ist es jedoch immer, hartnäckig zu bleiben. Hartnäckig und ausdauernd darin, behutsam die Gemeinschaft mit dem Kind zu suchen und dabei die richtige Geschwindigkeit zu wählen. Seien Sie nicht der Elefant im Porzellanladen, aber gehen Sie trotzdem geradlinig und beharrlich vorwärts. Sie müssen nicht ständig Enttäuschungen in Kauf nehmen durch ein Kind, das sich Ihnen gegenüber komplett verschließt. Aber Sie sollten auch nicht einfach aufgeben und weggehen. Wenn die Tür des Kindes verschlossen ist, klopfen Sie gelegentlich an. Und wenn auch das nichts hilft, bleiben Sie draußen stehen und sprechen Sie durch die Tür mit ihm, während Sie zugleich Ihr eigenes Leben auf Ihrer Seite der Tür fortsetzen.

Manchmal ist es auch so, dass die Tür zwar offen steht, wir aber aus einem anderen Grund beharrlich bleiben müssen. John und Kerri haben insgesamt drei Kinder in ihrer Patchworkfamilie. Das jüngste hat als Liebessprache die Zärtlichkeit.

»Es sitzt immer bei irgendjemandem auf dem Schoß«, sagt Kerri.

Ihr Sohn und Johns älteste Tochter sprechen am besten auf Zweisamkeit an.

»Ohne gemeinsame Zeit«, meint John, »würde meine

Tochter zu einem ausgeflippten, launischen Teenager werden. Wir haben gelernt, das zu berücksichtigen; sonst verschlechtert sich die Situation nur.«

Das Problem ist, dass Johns Kinder die meiste Zeit bei ihrer Mutter zu Hause sind, wo sie von ihr und dem Stiefvater nur wenig Zärtlichkeit und Zuwendung bekommen.

»Dort wird erwartet, dass die Kinder sich selbst beschäftigen, und wenn sie Aufmerksamkeit einzufordern versuchen, heißt es, sie sollen ›weggehen‹«, beklagt sich John. »Wenn überhaupt jemand mit ihnen spricht, dann geht es nur darum, was sie falsch gemacht haben, sonst nichts. Wir versuchen das mit extra Kuschelzeiten und Gesprächen wieder aufzufangen, wenn sie freitagabends zu uns nach Hause kommen. Wir machen einfach das Beste aus der gemeinsamen Zeit mit ihnen.«

Kerris Stiefkindern fällt es schwer, ihre Liebe anzunehmen, wenn sie von ihrer leiblichen Mutter keine erhalten. Aber Kerri macht es nichts aus, um ihrer Stiefkinder willen durchzuhalten. Sie weiß, dass es den Seelen der Kinder guttut, wenn sie auf die richtige Weise geliebt werden: »Wenn man seine Kinder richtig liebt, dann fällt es ihnen leichter, diese Liebe auch in das andere Zuhause mitzunehmen. Wir können nicht dafür sorgen, dass ihre Mutter sie besser liebt, aber wir können sozusagen ihren Tank auffüllen, bevor wir sie wieder zu ihr schicken.«

»Und jetzt kommt das Überraschende«, erzählt John weiter. »Wir haben nämlich bemerkt, dass sich dadurch auch die Einstellung meiner Exfrau uns gegenüber verändert hat, wenn es um Sorgerechtsfragen geht. Früher war die Beziehung zu ihr geradezu vergiftet. Es war schrecklich. Doch vor einem Jahr haben wir die Entscheidung getroffen, ihr unsere Liebe zu zeigen, wo wir nur können, egal wie sie darauf reagiert. Und die einfachste Weise, das zu tun, ist, meine Kinder gut zu lieben, sodass sie mit einem gefüllten Tank hier wieder weggehen. Wenn meine Kinder jetzt zu uns zurückkommen, brauchen sie nicht mehr so lange, um sich hier wieder einzugewöhnen. Und die Beziehung zu ihrer Mutter hat sich verändert. Sie spürt unseren Respekt und unsere Güte durch die Kinder und folglich reagiert sie auch auf uns anders. Kürzlich hat sie mich angerufen. Wenn sie sich meldet, dann ist sie meistens über irgendetwas verärgert. Aber dieses Mal hat sie sich über nichts beklagt und uns auch keine Vorwürfe gemacht, sondern sie wollte nur Termine mit uns absprechen. Ich konnte es kaum fassen, wie rücksichtsvoll sie sich verhielt. Das geschieht jetzt immer öfter und ist für uns eine riesige Chance. Und was noch wichtiger ist: Es hilft auch unseren Kindern sehr, denn sie geraten nicht mehr zwischen die Fronten.«

Fassen wir also zusammen: Ganz gleich, wie alt Ihre Kinder sind – wenn Sie sie richtig lieben, füllt das sozusagen ihren Tank auf und hilft ihnen, mit dem Leben im anderen Zuhause zurechtzukommen. Und es könnte sogar dazu beitragen, dass sich die Einstellung des anderen leiblichen Elternteils Ihnen gegenüber verändert.

Das »Bonus-G«

Es gibt noch ein weiteres G, das Sie vielleicht in Betracht ziehen könnten: das Gebet. Als Eltern- bzw. Stiefelternteil ist es wichtig, dass Sie den ganzen Prozess des Elternseins mit Ihrem Gebet begleiten. Die Grundsätze, die wir Ihnen vermittelt haben, sind wie eine Landkarte, die sozusagen die Basis bildet. Doch Sie werden Gottes Weisheit brauchen, um zu wissen, wann sie im Zickzack gehen sollen, wann es geradeaus weitergeht und wo Sie vielleicht auch umkehren und von vorne beginnen sollten. Das Gebet schenkt Ihnen Demut und die Fähigkeit zuzuhören. Das gemeinsame Gebet sorgt darüber hinaus dafür, dass Ihre Herzen miteinander verbunden und im Einklang bleiben.

Wenn Sie nach der Lektüre dieses Kapitels feststellen, dass Sie Fehler gemacht haben, dann sollten Sie sich als Paar zusammensetzen. Sprechen Sie über das, was Sie gelernt haben, und überlegen Sie, wie es in Zukunft weitergehen soll. Vielleicht sind Entschuldigungen angebracht.[18] Vielleicht müssen Sie Ihre Rollen, Erwartungen und Bemühungen überdenken. Einzelne Beziehungen brauchen möglicherweise Heilung – oder sogar die ganze Familie. Entwickeln Sie, begleitet von Ihrem Gebet, einen gemeinsamen Plan und haben Sie Geduld miteinander, während Sie die nächsten Schritte in die Zukunft gehen.

Sie sind dran

Wie steht es bei Ihnen mit den fünf »Gs« für den richtigen Umgang mit Stiefkindern? Wo liegen derzeit Ihre Stärken und wo gibt es noch Nachholbedarf?

Wie Sie die Liebessprache Ihres Kindes entdecken[19]

Sowohl Eltern als auch Stiefeltern sollten den jeweiligen Entwicklungsstand ihres Kindes beachten, wenn sie seine Muttersprache der Liebe und den von ihm bevorzugten Dialekt herausfinden möchten. Bei Kindern unter fünf Jahren sollten Sie alle fünf Sprachen der Liebe einsetzen, vor allem bei Säuglingen, die für eine gesunde geistige Entwicklung viel Körperkontakt brauchen. Wenn Ihr Kind älter wird, werden Sie im Lauf der Zeit ein bestimmtes Muster darin entdecken, wie Ihr Kind seine Liebe Ihnen und anderen Menschen gegenüber zum Ausdruck bringt. Sie werden auch merken, dass eine bestimmte von Ihnen angewandte Liebessprache dem Kind Ihre Liebe viel tiefer vermittelt als die anderen Sprachen und dass ein negativer Ausdruck in dieser Sprache es sehr viel tiefer verletzt. Diese Beobachtungen werden Ihnen dabei helfen, die Muttersprache der Liebe Ihres Kindes zu entdecken.

Doch Vorsicht: Besprechen Sie Ihre Beobachtungen nicht mit Kindern in der Vorpubertät oder Pubertät, denn das könnte sie dazu verleiten, Sie zu manipulieren. Ein Kind, dessen Liebessprache Geschenke sind, könnte Sie um das neueste Smartphone bitten und ein Kind mit der Liebessprache der Hilfsbereitschaft »vergisst« dann vielleicht, sein Zimmer aufzuräumen, damit Sie es an seiner Stelle tun. Angemessene Grenzen zu setzen und auch von den Kindern einen gewissen Einsatz zu erwarten, sind ebenfalls Akte der Liebe.

Das Muster erkennen: Wie Sie die Muttersprache der Liebe Ihres Kindes herausfinden

Wenn Sie die folgenden Punkte zusammengenommen betrachten, kann Ihnen das helfen, ein bestimmtes Verhaltensmuster bei Ihrem Kind zu erkennen.

Beobachten Sie, wie Ihr Kind seine Liebe zu Ihnen zum Ausdruck bringt. Alle Kinder möchten Umarmungen oder Geschenke geben und bekommen. Doch welche Sprache spricht Ihr Kind besonders? Kleine Kinder (zwischen fünf und zehn Jahren) sprechen am liebsten die Sprache, in der sie auch selbst gern angesprochen werden würden. Macht Ihr Kind Ihnen Komplimente oder bedankt es sich bei Ihnen für etwas (Lob und Anerkennung)? Möchte es gern Zeit mit Ihnen verbringen (Zweisamkeit)? Oder umarmt es Sie gern und sitzt auf Ihrem Schoß (Zärtlichkeit)? Schauen Sie genau hin und lernen Sie daraus.

Beobachten Sie, wie das Kind seine Liebe anderen gegenüber zum Ausdruck bringt. Wie zeigt es, dass es seine Erzieher/Lehrer mag, die Großeltern oder andere Familienmitglieder? Auch dies kann ein Hinweis auf seine bevorzugte Liebessprache sein.

Hören Sie genau hin, worum Ihr Kind Sie bittet oder worüber es sich beklagt. »Mama, wie war ich?« oder »Wie sehe ich darin aus?« sind Bitten um anerkennende Worte. Ebenso können auch die Klagen von Kindern aufschlussreiche Muster beinhalten. »Warum schaust du immer auf dein Handy, Papa?« ist beispielsweise die Bitte um ungeteilte Aufmerksamkeit.

Lassen Sie Ihr Kind aus zwei Optionen auswählen. »Wollen wir eine Runde Basketball spielen oder lieber ein besonderes Geschenk für deine Mutter besorgen?« »Ich habe heute Abend etwas Zeit. Wollen wir mit Gracie zum Hundespielplatz gehen oder soll ich dir bei den Hausaufgaben helfen?« Im Lauf der Zeit werden Sie durch die Antworten auf solche Fragen ebenfalls ein bestimmtes Muster bei Ihrem Kind erkennen. Allerdings sollten Sie dabei bedenken, dass sich gegenüber einem Eltern- oder Stiefelternteil unterschiedliche Muster herausstellen können. Dann ist es völlig in Ordnung, wenn Sie beide das Kind mit verschiedenen Liebessprachen ansprechen. Die Empfänglichkeit des Kindes für eine bestimmte Liebessprache ist der Schlüssel, wie Sie Ihre Botschaft der Liebe vermitteln können.

6. Gemeinsam liebevolle Beziehungen aufbauen – unter Geschwistern

Was die Geschwisterbeziehungen in einer Patchworkfamilie betrifft, haben wir eine Theorie. Egal, ob es sich um Halbgeschwister handelt (die einen leiblichen Elternteil gemeinsam haben) oder um Stiefgeschwister: Wenn man sie aus ihrem Familienumfeld herausnehmen und einander vorstellen würde, dann würden sich manche, vielleicht sogar die meisten, sehr gut verstehen, während sie in der Patchworkfamilie Probleme miteinander haben. In Schule, Gemeinde oder Nachbarschaft kommen natürlich nicht alle Kinder gut miteinander aus. Es gibt viele Gründe, warum Kinder keine Freundschaft miteinander schließen. Bei Halb- oder Stiefgeschwistern hat jedoch selbstverständlich auch die Dynamik, die in der erweiterten Patchworkfamilie herrscht, großen Einfluss auf die Beziehungen. Wenn die Familie als Ganze gut miteinander klarkommt, haben auch Halb- und Stiefgeschwister eine bessere Chance, nicht nur dem Namen nach Geschwister zu sein. Gibt es in der Familie allerdings Spannungen, dann leiden mindestens einige der Geschwisterbeziehungen ebenfalls darunter.

Der Zeitfaktor

Schätzungen zufolge haben mindestens zwei Drittel aller Kinder in Patchworkfamilien entweder Halb- oder Stiefgeschwister.[20] Etwas mehr als 12 Prozent aller Kinder leben in einem Haushalt mit einem Stief- oder Halbgeschwisterkind oder anderen nicht verwandten »Geschwistern« (das heißt, die nicht adoptiert oder biologisch verwandt sind).[21] Wie viel Zeit Halb- und Stiefgeschwister miteinander verbringen und ob sie einander als Familienmitglieder betrachten, bestimmt, wie nahe sie sich stehen. Halbgeschwister haben mindestens einen gemeinsamen Elternteil, vielleicht sogar denselben Nachnamen und eine gemeinsame Familiengeschichte. Sie haben im Lauf der Zeit mehr Kontakt und kommunizieren mehr miteinander, weswegen sie eher eine klarer definierte Verbindung zueinander besitzen als Stiefgeschwister. Halbgeschwister, die die ganze Zeit oder die meiste Zeit zusammenleben, betrachten einander in der Regel als Brüder und Schwestern. Sie verhalten sich auch eher wie Geschwister (sehen sich als Teil der gleichen Familie, kümmern sich umeinander, wachsen zusammen auf und haben dadurch viel Kontakt und unterstützen sich gegenseitig emotional). Wenn Halbgeschwister jedoch wenig Kontakt zueinander haben, tendieren sie dazu, einander nicht als Geschwister zu betrachten bzw. sich nicht als solche zu verhalten.

Gemeinsam verbrachte Zeit wirkt sich auch deutlich auf Stiefgeschwister aus. Allgemein betrachtet stehen sich Stiefgeschwister nicht so nah wie leibliche Geschwister oder Halbgeschwister, was aber nicht unbedingt bedeutet, dass sie eine negative Einstellung zueinander haben. Es heißt nur, dass sie einander weniger als Brüder und Schwestern betrachten, es sei denn, sie haben längere Zeit zusammengelebt. Stiefgeschwister, die einander schon in den ersten Lebensjahren kennenlernen und dauerhaft als Familie zusammenleben, können sich sehr verbunden fühlen und pflegen oft bis ins Erwachsenenalter eine enge Beziehung.[22]

Manche Stiefgeschwister finden sofort einen Draht zueinander, weil sie sich nach einem Geschwisterkind gesehnt haben (»Endlich habe ich eine Schwester!«) oder weil sie gemeinsame Interessen besitzen (»Wir spielen beide gern Fußball!«), während andere aus verschiedensten Gründen nicht viel miteinander zu tun haben wollen.

Hindernisse

Die Zeit und das Alter sind nicht die einzigen Faktoren, die sich auf die Geschwisterbeziehungen auswirken. In diesem Kapitel wollen wir Ihnen praktische Tipps dazu geben, wie Sie ein Klima schaffen können, das Geschwistern jeden Alters dabei hilft, in Ihrer Patchworkfamilie liebevolle Beziehungen aufzubauen. Doch zuerst lassen Sie uns einige der Hindernisse näher betrachten, die sich sowohl erwachsenen als auch minderjährigen Kindern in den Weg stellen können.

Fremde bleiben

Natürlich verbringen manche Stief- und Halbgeschwister viel Zeit miteinander, weil sie entweder immer oder meistens zusammenleben. Doch einige treffen sich nie oder nur selten. Geschwister aller Altersgruppen leben manchmal über das ganze Land verstreut und haben aus unterschiedlichen Gründen kaum Kontakt zueinander. So treffen wir zum Beispiel immer häufiger auf Menschen, denen nie jemand von ihren Halbgeschwistern erzählt hat und die erst als Erwachsene von ihnen erfahren haben. Bei denen, die einander kennen, kann jedoch auch ein übervoller Terminkalender zum Hindernis werden. Erwachsene Stiefkinder haben oftmals ein sehr ausgefülltes Leben mit eigenen Kindern, einem Beruf und vielen anderen Verpflichtungen, die ihnen wenig Zeit für ihre Stiefgeschwister lassen.

Nicht viele Gemeinsamkeiten

Es ist schwer, Freundschaft mit jemandem zu schließen, wenn man mit diesem Menschen nicht viel gemeinsam hat. So ist es auch bei Stief- oder Halbgeschwistern. Es fällt ihnen nicht leicht, die Gesellschaft des anderen zu genießen oder mit ihm zusammen zu sein, wenn sie nicht dieselben Interessen teilen. Noch schwieriger wird es, wenn es entgegengesetzte Interessen gibt. Unterschiedliche Ansichten zu politischen oder sozialen Themen, zu Religion oder Finanzen, ja selbst ein unterschiedlicher Filmgeschmack kann Geschwister gegeneinander aufbringen. Ganz zu schweigen vom Sport …

Schon seit drei Generationen waren Daniels Familienangehörige (einschließlich seiner Kinder) Fans der Basketballmannschaft der Universität North Carolina. Dann lernte er Emily kennen, die genau wie ihr Bruder und ihre Eltern an der nicht weit entfernten Duke University studiert hatte, und die beiden heirateten. Emilys Kinder waren als Fans der Duke Basketballmannschaft groß worden und verehrten deren Trainer heiß und innig. Daniels Kinder dagegen trugen bei jeder Gelegenheit die blauen Shirts des Erzrivalen Carolina. Die sich daraus ergebenden Streitigkeiten kann sich sicherlich jeder lebhaft vorstellen! Im März, wenn die entscheidenden Spiele stattfanden, war die Familie ein einziges Tollhaus.

Unterschiedliche Prägungen wie diese resultieren in der Regel in einer freundschaftlichen Rivalität, die irgendwann Teil der Familiengeschichte wird (»Weißt du noch, wie wir uns damals immer gestritten haben, welche Mannschaft die bessere war?«). Doch in gewissen Zeiten (vor allem während der Spielsaison) kann eine Familie dadurch regelrecht gespalten werden. Deshalb sollten Sie mit gutem Beispiel vorangehen und als Vorbild dafür sorgen, dass die Rivalitäten freundschaftlich bleiben und nicht ins Persönliche ausarten. Wenn ein Spiel vorüber ist, zeigen Sie Ihren Kindern, wie man unterschiedliche Ansichten vertreten kann, ohne die Stimmung zu verderben, und üben sich selbst in »Feindesliebe«.

Unterschiedliche Persönlichkeiten

Wir alle kennen Menschen, mit denen es nicht ganz einfach ist – die zu viel reden, die wir für aufdringlich halten, die seltsame Gewohnheiten haben oder ganz einfach egoistisch sind. Es ist nicht einfach, mit solchen Leuten zusammen zu sein, ob am Arbeitsplatz, in der Schule oder im familiären Umfeld. Sie bringen oft auch in uns die negativen Seiten zum Vorschein.

Wenn Geschwister aufgrund unterschiedlicher Persönlichkeiten aneinandergeraten, ist das für die Eltern die beste Gelegenheit, auf beide Seiten einzuwirken. Sie können den Kindern beibringen, die eigenen Marotten in den Griff zu bekommen, um andere nicht unnötig zu verärgern, und ihre Mitmenschen trotz ihrer Unterschiede zu lieben. Wir wollen zwar nicht unbedingt unsere Freizeit mit Leuten verbringen, die uns nicht sympathisch sind, aber wir sollten sie trotzdem als Individuen sehen, die von Gott geschaffen wurden und deshalb ihren Wert und ihre Würde besitzen. Wir können andere lieben, auch wenn sie uns auf die Nerven gehen. Liebe heißt, sich zu entscheiden, den anderen mit Respekt zu behandeln – so, wie wir selbst auch behandelt werden wollen.

Rivalitäten

Geschwister sowie Halb- und Stiefgeschwister können viele Gründe haben, warum sie um die Zeit und Energie der Eltern konkurrieren. Widerstehen Sie der Versuchung, den Kindern ihre Gefühle auszureden (»Du brauchst dir keine Sorgen zu machen, weil ich so viel Zeit mit deinem Stiefbruder verbringe«). Nehmen Sie ihre Sorgen ernst und versuchen sie den Wunsch zu erkennen, der sich dahinter verbirgt: »Wenn du deinen Stiefbruder ärgerst, machst du das, weil du gern mehr Zeit mit mir hättest?« Lautet die Antwort Ja, dann versuchen Sie, das Bedürfnis zu stillen. Sie könnten zum Beispiel einen Vorschlag machen: »Nächstes Mal, wenn du gern etwas mit mir zusammen machen möchtest, dann sag es mir einfach, statt Jack zu ärgern, okay?«

Die in den folgenden Abschnitten geschilderten Umstände können dazu beitragen, dass Rivalitäten unter Geschwistern entstehen. Seien Sie hier aufmerksam und sensibel gegenüber den Bedürfnissen der Kinder.

Veränderung des Geburtsrangs. Wenn Mutter oder Vater erneut heiraten, besteht eine der größten Umwälzungen für viele Kinder darin, dass sie dann ältere oder jüngere Geschwister bekommen, die die Geschwisterkonstellation verändern. Das kann zu Rivalitäten führen. Aus einer ältesten Tochter wird dann zum Beispiel ein »mittleres Kind«. Ihr ganzes Leben lang hat sie die Rechte und Pflichten des ältesten Kindes genossen – eine Rolle, die dazu beigetragen hat, dass die Familie die Jahre mit einem alleinerziehenden Elternteil überstehen konnte. Doch jetzt wird sie auf einmal nicht mehr gebraucht und hat keine Führungsrolle mehr inne. Wenn wir bedenken, dass die Geschwisterkonstellation Teil unserer Identität ist, verstehen wir, warum ein Kind, das in diesem Bereich eine spürbare Verschiebung erlebt, seine Ängste an dem Geschwisterkind auslässt, das seinen Platz eingenommen hat.

Wenn es weniger zu verteilen gibt. Früher gab es in den Familien deutlich mehr Kinder. Wer zum Beispiel sechs Brüder und Schwestern hatte, für den war es klar, dass er abgelegte Kleidung bekam, dass er um die ungeteilte Aufmerksamkeit von Mutter oder Vater kämpfen musste und weniger Geburtstagsgeschenke bekam als die anderen Kinder in der Schule. Doch schlussendlich gehörten die Geschwister schließlich zu einem und man hatte höchstwahrscheinlich Verständnis dafür, dass Zeit, Energie und Geld der Eltern knapp waren.

Wenn aber ein Elternteil wieder heiratet und sich die Größe der Familie dadurch verdoppelt (und weiter wächst, wenn später noch mehr Kinder geboren werden), dann kann es sein, dass ein Kind es nicht gut aufnimmt, wenn es sein Zimmer mit einem Stiefgeschwisterkind teilen muss, das mit ihm um die Zeit von Vater oder Mutter konkurriert, und wenn es merkt, dass die Finanzen nun anders verteilt werden müssen. Das kann die Beziehung zu den neuen Geschwistern beeinträchtigen, vor allem wenn das Kind den Eindruck hat, dass die anderen bevorzugt behandelt werden.

Das Gefühl der »Ungerechtigkeit«. In Patchworkfamilien sind sowohl Erwachsene als auch Kinder sensibler dafür, ob die Erwachsenen alle Kinder gleich behandeln, als es in Familien mit nur leiblichen Kindern der Fall ist.[23] Zum Beispiel kann es sein, dass eine Stiefmutter es als Bedrohung empfindet, wenn ihr Mann seine leibliche Tochter wie eine Prinzessin verwöhnt. Und zugleich ist sie eifersüchtig, weil sie das Gefühl hat, dass er ihre eigene Tochter nicht gleich behandelt. Auch die Stiefschwestern könnten das so empfinden.

Solche Situationen können auch in Familien mit nur leiblichen Kindern entstehen, doch in Patchworkfamilien herrscht bei diesem Thema eine erhöhte Sensibilität.[24] Wenn Sie also die Rivalitäten zwischen Halb- und Stiefgeschwistern verringern wollen, ist es wichtig, dass Sie sowohl als leiblicher wie auch als Stiefelternteil kein Kind den anderen gegenüber bevorzugen.

Joy war ein typisches »Lieblingskind«. Ihre Mutter gab ihr diesen Vornamen, weil sie ihre »Freude und ihr Stolz« war. Joy war das erste gemeinsame Kind in der Familie, in die sowohl die Mutter als auch der Vater Kinder aus erster Ehe mitgebracht hatten. Die Mutter ließ alle wissen, dass Joy ihr Liebling war. Als Folge daraus behandelten die anderen Geschwister Joy so, wie die Brüder aus der biblischen Geschichte Josef behandelten, weil er der Lieblingssohn ihres Vaters war. Sie nahmen es ihr übel und wie in der Geschichte von Josef spaltete die ungleiche Behandlung die Familie.

Es ist völlig in Ordnung, wenn Sie zu jedem Ihrer Kinder eine besondere Verbindung haben; aber ein Kind gegenüber den anderen zu bevorzugen, ist ungerecht und problematisch. Prüfen Sie Ihre Motive, lieben Sie Ihre Kinder und behandeln Sie alle gleich.

Konkurrierende Beziehungen und Insider-Koalitionen. Jasmine, eine Stiefmutter, merkte, dass ihre Kinder und Stiefkinder nicht gut miteinander auskamen. Sie konnte das zum Teil darauf zurückführen, dass sie selbst mehr Zeit mit ihren Stiefkindern verbrachte, die ständig bei ihr zu Hause wohnten, als mit ihren eigenen Kindern, die teilweise bei ihrem Vater lebten. Noch dazu war die wichtigste Liebessprache von zweien ihrer Kinder die Zweisamkeit.

»Die anderen sind die ganze Zeit mit dir zusammen und wir nur die Hälfte der Zeit«, beklagten sie sich. »Dabei wollen die dich ja gar nicht.«
Die Kinder hatten recht. Natürlich fühlte Jasmine sich schuldig, aber sie konnte die Situation nicht verändern. Was sie aber tun konnte, war, jedes der Kinder bewusst zu lieben.

»Unsere Familie führt gern neue Traditionen ein. Aber eine meiner Töchter hat ein Problem damit, die alten Traditionen loszulassen, denn das würde für sie bedeuten, ihre Mutter loszulassen. Und sie möchte gern mehr von ihrer Mutter haben und nicht weniger. Das führt dazu, dass sie sich ein Stück weit von den anderen Kindern in der Familie isoliert.«

Sie erinnern sich bestimmt noch an Kapitel 3, wo es um Beziehungsdreiecke und miteinander konkurrierende Beziehungen ging. Dort haben wir aufgezeigt, wie Eltern auf beide Seiten zugehen können, um die Rivalität zu reduzieren. In Jasmines Fall versuchen zwei Seiten des Dreiecks – ihre Kinder und ihre Stiefkinder – sich auf sie zuzubewegen. Also muss Jasmine ihnen etwas von sich selbst geben, um ihnen zu zeigen, dass sie ihr wichtig sind und sie immer noch für sie da ist. Jeder Seite diese Gewissheit zu geben, ist eine wichtige Voraussetzung dafür, dass die »Rivalitäten« nachlassen.

Dieser Prozess ist jedoch noch schwieriger, wenn eine Gruppe von Insidern sich gegen einen Outsider verbündet hat. Wenn zum Beispiel eine Gruppe innerhalb der Geschwister beschlossen hat, ein Stiefgeschwisterkind schlecht zu behandeln, müssen Sie direkt eingreifen, um diese Koalition aufzubrechen und auf einem angemessenen Verhalten zu bestehen. »Ihr müsst einander ja nicht mögen, aber ihr müsst fair miteinander umgehen, sonst wird es Konsequenzen geben.«

Der Konflikt mit einem Stiefelternteil belastet die Beziehung zwischen den Stiefgeschwistern. Wenn ein Stiefelternteil und ein Stiefkind sich in einem Konflikt befinden oder nicht gut miteinander zurechtkommen, kann dies dazu führen, dass auch das leibliche Kind des Stiefelternteils sich mit dem betreffenden Stiefgeschwisterkind nicht versteht, denn es möchte seinem Vater oder seiner Mutter gegenüber loyal sein. »Ich finde es nicht gut, wie du mit meinem Vater umgehst, also bist du auch nicht mein Freund.« Erst wenn der Stiefelternteil und das Stiefkind ihre Beziehung verbessern, beginnt sich diese Dynamik zu verändern.

Pseudo-Beziehungen. Manchmal gibt es unter Stiefgeschwistern weniger Konflikte als unter leiblichen Geschwistern und Halbgeschwistern. Das hört sich zwar gut an, der Grund dafür ist jedoch nicht so positiv. Wenn Stiefgeschwister nämlich nur eine Pseudo-Beziehung zueinander haben, einander also nicht gut kennen und sich nicht wie eine Familie fühlen, gibt es zwischen ihnen paradoxerweise auch weniger negative Begegnungen und eine eher positive Kommunikation. Sie gehen so miteinander um, wie man sich Fremden gegenüber verhält; das heißt, sie zeigen sich von ihrer besten Seite. Wenn Menschen jedoch eine engere Beziehung zu ihren Geschwistern haben, fühlen sie sich auch freier, negative Emotionen ehrlich zu zeigen und gegensätzliche Meinungen zu äußern. Das Interessante dabei ist: Je enger die Beziehung zwischen Stiefgeschwistern mit der Zeit wird, desto eher sind Konflikte zu erwarten.[25] Großartig, nicht wahr?

Erotische Anziehung

Es kommt zwar selten vor, doch manchmal verstehen sich Stiefgeschwister deshalb nicht gut miteinander, weil einer sich zum anderen hingezogen fühlt oder beide zueinander. Der Konflikt ist dann eine Art Abwehrmechanismus gegen eine als peinlich empfundene Verliebtheit. Romanzen unter Stiefgeschwistern kommen vor. In seinem Buch *The Smart Stepfamily* geht Ron ausführlich darauf ein, wie eine solche Anziehung entstehen kann und was Eltern gegen unangemessene körperliche Kontakte tun können.[26] Auf der Website von *Smart Stepfamilies* legt er außerdem dar, was Eltern tun können, wenn es bereits zu einer sexuellen Beziehung gekommen ist.[27] Dieses Thema geht weit über den Rahmen dieses Buches hinaus. Wir möchten an dieser Stelle deshalb lediglich Ihr Bewusstsein dafür schärfen und Sie warnen. Da Internetpornografie heutzutage leicht zugänglich ist, fürchten wir, dass es in den nächsten Jahren zu einer Zunahme von erotischen Beziehungen unter Stiefgeschwistern kommen wird und die sexuelle Neugier wächst. Pornos anzuschauen – oder sie von Freunden gezeigt zu bekommen –, verwischt die Grenzen zwischen den Familien. Es führt dazu, dass Kinder sich dem Gedanken an sexuellen Kontakt öffnen oder in Konflikte miteinander geraten, weil sie diesen vermeiden wollen – oder beides. Auf jeden Fall sollten Sie den Kopf nicht in den Sand stecken. Setzen Sie vernünftige Grenzen in Ihrem Zuhause, mit denen die Privatsphäre gegenseitig gewahrt wird; schützen Sie Ihre Familie vor Pornografie und sprechen Sie mit Ihren Kindern offen über die entsprechenden Themen. Ihre Familie braucht Ihre Leitung und Ihre schützende Fürsorge.

Realitäts-Check

Eine gute Beziehung zwischen Stiefgeschwistern lässt sich ebenso wenig erzwingen wie die Liebe eines Kindes zu seinem Stiefelternteil. Es gibt zwar manches, was man dafür tun kann, aber genauso wichtig ist es, zunächst einmal das zu akzeptieren, was nicht zu ändern ist. Für erwachsene Kinder, die ein ausgefülltes Leben haben und ihren Stiefbruder oder ihre Stiefschwester nicht als Familienmitglied betrachten, wird es keine Priorität sein, Zeit mit ihm oder ihr zu verbringen. Ein Kind, das sich durch eine Entscheidung, die Sie in der Vergangenheit getroffen haben, verraten fühlt (zum Beispiel eine Affäre, durch die Ihre erste Familie zerbrach), wird wahrscheinlich nicht zu einer Beziehung zu Halb- oder Stiefgeschwistern bereit sein, die aufgrund Ihres Verrats zustande käme. Eine aufrichtige Entschuldigung und gegenseitige Vergebung können hier zur Versöhnung führen. Und das öffnet auch die Tür zu einem besseren Verhältnis der Geschwister untereinander.

Eigensinnige Kinder mit gegensätzlichen Ansichten oder Persönlichkeiten haben es schwerer, Freundschaft miteinander zu schließen. In solchen und ähnlichen Fällen sollten Sie keine allzu großen Erwartungen haben und sich über jeden kleinen Erfolg freuen. Denn hier gibt es vieles, was Sie nicht ändern können. Sich genau zu überlegen, auf welche Kämpfe man sich einlassen will, und nicht einfach den eigenen Willen durchzudrücken, sind ebenfalls hilfreiche Strategien. Um ständige Enttäuschungen zu vermeiden, müssen Sie Ihre Aufmerksamkeit vielleicht eher auf die Beziehungen richten, die gut laufen oder die Sie beeinflussen können, und in den Beziehungen, wo das nicht so ist, das richtige Tempo wählen (siehe Kapitel 5). In jedem Fall aber sollten Sie Ihre Ehe stärken. Wenn Sie ein Klima schaffen wollen, das die Beziehungen zwischen den Stiefgeschwistern fördert, dann ist Ihre Ehe immer der Ausgangspunkt.

> Vielleicht müssen Sie Ihre Aufmerksamkeit eher auf die Beziehungen richten, die gut laufen oder die Sie beeinflussen können.

Ein Klima der Verbundenheit schaffen

Die eigene Ehe stärken

Dans und Jens zwei älteste Kinder (fünfzehn und vierzehn Jahre alt) kannten sich aus der Gemeinde. Dans Sohn Jacob erzählte Jens Tochter Katherine, er habe den Eindruck, dass sein Vater auf ihre Mutter »stehe«. Und seine Vermutung war richtig. Katherine berichtete ihrer Mutter, was Jacob gesagt hatte. Daraufhin ging Jen schnurstracks zu Dan und fragte ihn, ob das stimme. Dan war zunächst überrascht, gestand Jen dann aber seine Gefühle und die beiden kamen zusammen.

Die meisten Paare lernen sich kennen und lieben, bevor ihre Kinder etwas davon merken. Doch selbst wenn es Ihre Kinder waren, die Sie zusammengebracht haben, ist es wichtig, Ihre Ehe im Lauf der Zeit weiter zu stärken, denn sie ist für Ihre Familie so etwas wie die Schwerkraft: Sie zieht alle Dinge an.[28]

Bestimmt erinnern Sie sich noch: Ihre Ehe ist die wichtigste

Grundlage und die beste Triebkraft für das Zusammenwachsen Ihrer Patchworkfamilie. Die Stabilität und Gesundheit Ihrer Beziehung wirken sowohl auf die Stief- als auch die Halbgeschwister wie eine sanfte Einladung, ebenfalls einen Weg zu suchen, wie sie gut miteinander auskommen können. Wenn die Geschwister schon keinen anderen Grund finden, einander ihre Herzen zu öffnen, wissen sie durch Ihre Ehe zumindest sicher, dass die Geschwister und übrigen Familienmitglieder nicht wieder weggehen werden und sie sich daher besser an die Gegebenheiten anpassen sollten. Anders ausgedrückt: Die Notwendigkeit ist die Mutter der Motivation. Dieser Motivationsschub ist vielleicht genau das, was nötig ist, damit die Geschwister sich über den Status quo hinausbegeben und eine engere Beziehung zueinander suchen. Investieren Sie also weiter in Ihre Ehe und fördern Sie sie, egal wie die Dinge zwischen Ihren Kindern stehen.

Die Weisheit der fünf Liebessprachen anwenden

Wir alle brauchen das Gefühl, geliebt zu werden. Darum ist es so wichtig, miteinander über die fünf Sprachen der Liebe zu sprechen und alle Familienmitglieder zu ermutigen, den Test zu machen. Das könnte gute Ansätze liefern, mithilfe derer wir bessere Beziehungen aufbauen können. Wenn alle in der Familie die wichtigste Liebessprache der anderen kennen, dann wissen sie, wie sie ihre Liebe wirksam zum Ausdruck bringen können.

Als Eltern zeigen wir unseren Kindern, dass das Erlernen der Liebessprachen anderer Menschen eine Bereicherung für alle ihre künftigen Beziehungen sein wird. Die Familie ist der Rahmen, in dem wir eine Liebessprache einüben können, die für uns persönlich nicht unbedingt gängig ist. Unser Ziel besteht darin, alle fünf Sprachen zu beherrschen. Daran immer wieder gemeinsam zu arbeiten, kann Spaß machen und ein positives emotionales Klima schaffen.

Brücken bauen

Sollte es zwischen einzelnen Personen in der Patchworkfamilie Probleme geben, können Sie immer versuchen eine Brücke zu bauen. Zu einem Teenager oder einem jungen Erwachsenen, der im Vergleich zu seinen jüngeren Geschwistern und Stiefgeschwistern weniger Zeit in Ihrem Zuhause verbringt, könnte man zum Beispiel Folgendes sagen: »Vielleicht bist du so wie ich ein bisschen unzufrieden, weil ich mit den anderen viel mehr Zeit verbringe als mit dir. Ich versuche selbst gerade, eine Lösung dafür zu finden. Ich möchte nämlich gern öfter mit dir zusammen sein, aber das ist nicht so einfach, weil dich dein Studium zeitlich so stark beansprucht. Und ich habe den Eindruck, dieses Problem führt dazu, dass du und meine Kinder euch nicht so gut versteht. Ich weiß nicht, ob ich damit richtig liege, aber es fühlt sich für mich so an. Wie siehst du das? Was würdest du vorschlagen?«

Eine Unterhaltung dieser Art könnte man übrigens als ein »DDB-Gespräch« bezeichnen: Definiere die Beziehung. Normalerweise werden solche Gespräche von einem Mann und einer Frau geführt, die schon einige Dates hinter sich haben. Sie dienen dazu, ein bisher unklares Verhältnis und gegenseitige Erwartungen zu definieren, und sollen den Beteiligten helfen zu erkennen, woran sie sind. Das nimmt die Spannung aus der Situation heraus und trägt dazu bei, dass Menschen sich auf eine Beziehung einlassen können.

Zusammen Spaß haben und Gemeinsamkeiten entdecken

In Kapitel 5 haben wir Stiefeltern dazu ermutigt, die Beziehung zu ihren Stiefkindern durch Gemeinsamkeiten aufzubauen. Dazu gehört auch, dass man für die Stiefkinder Aktivitäten organisiert, die alle gern mögen. Gemeinsam Spaß zu haben und Erinnerungen zu schaffen an das, was man zusammen erlebt hat, sind als erste Schritte gut geeignet. Sie schenken den Kindern etwas, auf das man zurückgreifen kann, wenn alles andere versagt. Allerdings sollte darauf geachtet werden, die Teilnahme nicht auf einer Ebene zu erzwingen, die als unangenehm empfunden wird. Machen Sie sich immer wieder bewusst, auf welcher Stufe der Offenheit die Kinder sich gerade befinden, und vertrauen Sie darauf, dass sie sich mit der Zeit – wieder im Bild des Kochens gesprochen – »erwärmen« und »weicher werden«.

Die »Goldene Regel« anwenden

Halten Sie Ihre Kinder dazu an, andere so zu behandeln, wie sie selbst behandelt werden möchten. Erwarten Sie von ihnen, freundlich, fair und rücksichtsvoll miteinander umzugehen. Beachten Sie dabei den Unterschied: Es geht an diesem Punkt nicht um familiäre Liebe oder Zuneigung, sondern Sie bitten Ihre Kinder um einen respektvollen Umgang miteinander. Rücksicht zu nehmen zum Beispiel rückt den Blick der Kinder weg von sich selbst und auf das Wohl des anderen. Und wenn es aufgrund unterschiedlicher Persönlichkeiten oder Sichtweisen Konflikte gibt, sollen Kinder lernen, Unterschiede auszuhalten, ohne wütend zu reagieren. Mit der Zeit entsteht so ein familiäres Klima der »Wärme« zwischen Stiefgeschwistern.

Den Wert jedes einzelnen Kindes anerkennen

Wenn es zwischen Stiefgeschwistern Rivalitäten um die begrenzte elterliche Zeit und Aufmerksamkeit gibt, dann sollten Sie sicherstellen, dass Sie den einzigartigen Wert jedes Kindes betonen, egal wie viel Zeit es bei Ihnen zu Hause verbringt. Das vermittelt jedem von ihnen die Botschaft, von Ihnen beachtet und wertgeschätzt zu werden, und es lädt sie dazu ein, sich ebenfalls über die Einzigartigkeit ihrer Stiefgeschwister zu freuen.

Wenn eines Ihrer eigenen Kinder darauf mit Eifersucht oder Zorn gegenüber einem Stiefgeschwisterkind reagiert, sollten Sie die Not erkennen, die dahintersteckt. Es fürchtet, Sie an den Stiefbruder oder die Stiefschwester zu verlieren, und braucht Ermutigung. Erklären Sie dem Kind ganz ruhig, was Sie beobachtet haben, und helfen Sie ihm dabei, seine Gefühle und deren Auswirkungen auf sein Verhalten zu erkennen. Mit der Zeit hebt dies den emotionalen IQ des Kindes und hilft ihm, mit den eigenen Empfindungen richtig umzugehen. »Hey, ich habe gemerkt, dass du immer ganz still wirst, wenn ich was Nettes über Sara sage. Fühlst du dich dann zu wenig von mir beachtet? Ich bin immer noch für dich da und habe dich sehr lieb. Du bist mir nicht weniger wichtig. [Pause. Lassen Sie das Kind antworten, wenn es möchte.] Ich möchte, dass du das weißt. Zwischen uns beiden ändert sich nichts, wenn ich Sara ab und zu Komplimente mache. Vielleicht schaffst du das ja auch irgendwann, sie würde sich bestimmt freuen.«

Einander anfeuern

Wenn möglich, ermutigen Sie die Stiefgeschwister, gegenseitig ihre Konzerte, Sportveranstaltungen, Wettkämpfe und sonstige Veranstaltungen zu besuchen, damit sie einander anfeuern können. Wenn wir andere unterstützen, gehören wir zu ihrem Team, nicht nur hinsichtlich der jeweiligen Situation, sondern ganz generell. Feiern Sie Erfolge gemeinsam als Familie.

Verbindende Rituale und Traditionen schaffen

Familientraditionen zu Feiertagen und besonderen Festen sagen uns, wer wir sind und wohin wir gehören. Den Geburtstag eines Menschen mit einer bestimmten Tradition zu feiern, vermittelt Liebe, Wertschätzung und die besondere Bedeutung dieser Person. Das macht die Geburtstagsfeier so wichtig und wertvoll.

Am Anfang haben Patchworkfamilien noch keine »Familientraditionen«. Manche ihrer Mitglieder haben gemeinsame

Traditionen, andere nicht. Deshalb ist es so wichtig, im Lauf der Zeit eigene Traditionen zu entwickeln. Das definiert die Familie und vereint sie in einem wichtigen gemeinsamen Moment.

Kennen Sie den alten aus England stammenden Hochzeitsbrauch, dass die Braut »etwas Altes, etwas Neues, etwas Geliehenes und etwas Blaues« tragen soll? Zumindest die ersten drei können uns hier als Anhaltspunkte für unsere Strategie dienen: Pflegen Sie ein paar alte Traditionen und entdecken Sie gleichzeitig etwas Neues, das Sie in Zukunft definieren soll. Vielleicht müssen Sie Verschiedenes ausprobieren, wovon manches auch fehlschlagen kann. Wenn Sie Traditionen schaffen wollen, dann behalten Sie etwas Altes, schaffen Sie etwas Neues und leihen Sie etwas voneinander, bis Sie herausgefunden haben, was für Sie als Familie passt.

Verbindende Rituale sind regelmäßige, oftmals alltägliche Verhaltensweisen, die unsere Gemeinschaft als Familie stärken. Wenn Ehepaare sich abends nach der Arbeit mit einem Kuss begrüßen, so ist das ein verbindendes Ritual. Den Kindern Gute Nacht zu sagen und sie zuzudecken, ist ebenfalls eines. Helfen Sie den Stiefgeschwistern dabei, solche Verbindungen zu schaffen, aber lassen Sie sie bestimmen, wie und wann das geschieht. Kleine Kinder mögen vielleicht gern eine Umarmung oder einen Kuss vor dem Zubettgehen oder wenn sie zur Schule aufbrechen, aber Jugendliche vermeiden wahrscheinlich lieber den Körperkontakt (aus Gründen, die wir weiter oben im Kapitel dargelegt haben). Sie begrüßen und verabschieden einander lieber mit Worten. Der springende Punkt dabei ist, dass verbindende Rituale im Laufe der Zeit zu einer Erwärmung der Beziehungen in der Patchworkfamilie beitragen. Also fördern Sie diese, wo immer Sie können.

»Roadtrips« unternehmen

Ist Ihnen schon einmal aufgefallen, dass Fremde, die gemeinsam etwas Schweres durchgemacht haben, eine besondere

Verbindung zueinander haben? Unter Soldaten, die zusammen gedient haben, entstehen oft lebenslange Freundschaften und Menschen, die eine Naturkatastrophe oder einen Autounfall überlebt haben, bleiben noch lange danach miteinander in Kontakt. Ein »radikaler Roadtrip«, wie Ron ihn Patchworkfamilien in seinem Buch *The Smart Stepfamily* empfiehlt, kann auf ähnliche Weise dazu beitragen, eine Verbindung zwischen Stiefgeschwistern zu schaffen.

Gewöhnliche Unternehmungen sind so etwas wie die Fahrt zur Großmutter. Ein »radikaler Roadtrip« dagegen könnte zum Beispiel die Teilnahme der ganzen Familie an einem Missionseinsatz in einem anderen Teil des Landes oder der Welt sein, bei dem es erforderlich ist, dass alle zusammenhalten, Seite an Seite hart arbeiten und sich gemeinsam in einem ungewohnten Umfeld zu behaupten. Mit einer solchen Aktion tut man nicht nur anderen Menschen Gutes. Solche Erlebnisse können auch Mauern zwischen Familienmitgliedern einreißen, ihren Blick aufeinander neu ausrichten und gemeinsame Erinnerungen schaffen, die man sich immer wieder erzählt. In einem solchen Prozess können auch enge Beziehungen zwischen Stiefgeschwistern entstehen.

Stehen hier also egoistische Motive hinter dem scheinbar selbstlosen Einsatz? Ein wenig. Aber vielleicht ist es ja genau das, was Ihre Familie braucht, um den Status quo zu überwinden. Und wenn Sie jedes Jahr einen »radikalen Roadtrip« unternehmen, schaffen Sie eine neue Familientradition, die den Charakter der Kinder formt und Ihrer Familie einen neuen Sinn und neue Ziele gibt.

»Tu es mir zuliebe …«

Wir sind überzeugt, dass einige der in diesem Kapitel genannten Strategien ganz allgemein die Beziehungen zwischen Stiefgeschwistern im Lauf der Zeit verbessern. Doch was ist, wenn das nicht geschieht? Wenn eines Ihrer Kinder sich aus irgendeinem Grund dauerhaft weigert, sich den anderen gegenüber angemessen zu verhalten und ihnen eine Chance zu geben? Falls alles andere nichts nützt, kann der leibliche Vater oder die Mutter an das Kind appellieren, sich für ihn/sie besser zu verhalten, als seine Gefühle es ihm vorgeben. Wenn das Kind schon nicht dem Stiefgeschwisterkind zuliebe freundlich ist, dann vielleicht wenigstens um Ihretwillen.

Ein Vater sagte zu seinem Sohn: »Du musst sie nicht lieben, aber mir und dem Rest der Familie sind sie wichtig. Darum verhalte dich bitte mir zuliebe ihnen gegenüber anständig. Geh wenigstens so mit ihnen um, wie du es mit einem Kollegen oder Nachbarn tun würdest.« Die Bitte motivierte den Sohn zumindest so weit, dass er ein paar kleine Veränderungen vornahm. Alles kann hilfreich sein.

Und schließlich: Versuchen Sie dankbar zu sein

Natürlich hoffen Sie, dass die Kinder Ihrer Patchworkfamilie einander irgendwann lieben und sich als Familie betrachten werden. Einige werden sich sicherlich in diese Richtung bewegen, andere sind zwar freundlich zueinander, aber keine Freunde, und wieder andere werden aus irgendwelchen Gründen keine intensive Beziehung zueinander eingehen. Bemühen Sie sich um ein Klima, in dem aus Freundlichkeit Freundschaft werden kann, woraus wiederum das Gefühl, eine Familie zu sein, entsteht. Aber machen Sie Ihr eigenes Glück nicht davon abhängig. Zu viele Paare betrachten ihre Familie als gescheitert, wenn nicht alle Geschwister sich miteinander verstehen. Doch das macht es für Paare nur schwerer, ihre Ehe zu genießen und sich ggf. über Geschwisterbeziehungen zu freuen, die funktionieren. Mit dem zufrieden zu sein, was gut läuft, bedeutet ja nicht, sich mit dem abzufinden, was weniger positiv aussieht.

Sie sind dran

Was tun Sie, um die Geschwisterbeziehungen in Ihrer Patchworkfamilie zu »erwärmen«? Wo sind Verbesserungen nötig?

7. Gemeinsam liebevolle Beziehungen aufbauen – als Stiefgroßeltern

Tianas Gesicht hellte sich auf und sie lächelte bis über beide Ohren. »Sie haben recht. Natürlich würde sie ihre Tochter nicht jedem überlassen. Darüber hatte ich noch gar nicht nachgedacht. Das hilft mir sehr.«

Tiana ist die Stiefmutter von Aniyah und die Stiefgroßmutter von Hannah. Ihre Beziehung zu Hannah ist fantastisch, ihre Beziehung zu ihrer Stieftochter, Hannahs Mutter, jedoch nicht. Das dachte sie jedenfalls.

Nachdem Tiana mir die distanzierte Haltung ihrer Stieftochter beschrieben hatte, äußerte ich (Ron) eine Beobachtung: »Aniyah bringt ihre Tochter regelmäßig zu Ihnen, stimmt's? Vielleicht möchte sie selbst keine enge Beziehung zu Ihnen, aber es macht ihr nichts aus, wenn Sie eine enge Beziehung zu ihrer Tochter haben. Sie sollten die Botschaft, die darin liegt, nicht übersehen. Eltern überlassen ihre Kinder ja nicht einfach irgendjemandem. Ihre Stieftochter vertraut Ihnen also, dass Sie sich gut um ihre Tochter kümmern. Das zeigt indirekt ihre Wertschätzung für Sie. Vielleicht kann sie das Ihnen gegenüber im Moment nicht so direkt äußern, aber es kommt trotzdem zum Ausdruck. In gewisser Hinsicht vertraut sie Ihnen. Klar ist das nicht dasselbe wie Liebe. Aber Vertrauen ist oft der Vorläufer von Liebe. Deshalb scheint es mir, als ob sich zwischen Ihnen mehr abspielt, als Sie ahnen.«

Tiana hatte das noch nie so gesehen. Sie fühlte sich ermutigt.

Mit den Stiefgroßeltern kommen in einer Patchworkfamilie drei Generationen von Mitgliedern zusammen, wobei jede Person ihre eigenen Bedürfnisse und Wünsche hat sowie ihren Anteil an allen anderen Beziehungen. In diesem Kapitel möchten wir dieses Netzwerk aus vielerlei Blickwinkeln betrachten und jeder Generation etwas mit auf den Weg geben. Unser Vorschlag: Diskutieren Sie doch das Gelesene mit den anderen Generationen (je nach Alter der Kinder). Dieser Austausch kann allen drei Generationen dabei helfen, die anderen besser zu lieben.

Patchworkfamilien: groß und breit

Die neue Ehe in einer Patchworkfamilie kommt entweder durch die ältere Generation zustande (wir nennen sie lieber die *obere* Generation) oder durch die *mittlere* Generation (die erwachsenen Kinder). Für Familien europäischer Herkunft ist »die Patchworkfamilie« meist nur der Haushalt, in dem die Stiefkinder leben; in Wirklichkeit gehören zur Patchworkfamilie jedoch mindestens drei Generationen und mehrere Haushalte. In manchen Familien gibt es auch noch frühere (Schwieger-)Eltern, die weiterhin engagierte Großeltern sind und das familiäre System noch vergrößern. Deshalb sagen wir immer: Patchworkfamilien sind groß *und* breit.

Die Tendenz geht dazu, dass es immer mehr Stiefgroßeltern gibt. Zu amerikanischen Familien gehört zum Beispiel bereits in beinahe 40 Prozent der Fälle ein Stiefgroßvater oder eine Stiefgroßmutter[29] und nach dieser Entwicklung werden bis zum Jahr 2030 Großeltern fast genauso viele Stiefenkelkinder haben wie leibliche Enkelkinder.[30] Und obwohl nur wenige Studien vorliegen, die uns erklären können, was zu einer gesunden oder ungesunden Beziehung zwischen Großeltern und ihren Stiefenkeln beiträgt, lassen sich zumindest zwei wichtige Erkenntnisse festhalten: Der Grad der Bindung zwischen den drei Generationen wird immer durch die am wenigsten motivierte Person bestimmt und die Erwachsenen der mittleren Generation sind für die Stiefgroßeltern wie eine Art »Türsteher«, die ihnen den Zugang zu den Kindern entweder ermöglichen oder ihn verhindern.

In Kapitel 5 haben wir gesehen, dass es die am wenigsten engagierte Person ist, die in einer Beziehung den Grad der Nähe am meisten bestimmt. Das gilt von Geschäftsbeziehungen über Paar-, Ehepaar-, Stiefeltern- bis hin zu Stiefgroßeltern-Beziehungen. Wenn ein Stiefenkelkind uns nicht in sein Leben hineinlassen will, können wir keine enge Verbindung zu ihm aufbauen. Und wenn ein Stiefgroßvater oder eine Stiefgroßmutter keine Nähe zum erwachsenen Stiefkind oder einem Stiefenkelkind wünscht, dann wird es auch keine geben, bis er oder sie sein Herz wirklich öffnet. Außerdem kann es vorkommen, dass ein Elternteil der mittleren Generation sein Kind davon abhält, eine engere Beziehung zu den Stiefgroßeltern zu entwickeln. Hier bestimmt das »Türsteherverhalten« ganz entscheidend, welche Rolle die ältere Generation übernehmen kann.

Eine Stiefgroßmutter, die in älteren Jahren in eine Familie einheiratete, ging ins Krankenhaus, um dort ihre Stieftochter zu unterstützen, die ein Baby bekommen hatte. Nachdem sie mit anderen Familienmitgliedern zusammen mehrere Tage im Wartezimmer verbracht hatte, bemerkte sie zwei Dinge: Erstens dankte die Familie ihr dafür, dass sie gekommen war (bei den anderen Großeltern bedankten sie sich nicht; da diese als volle Familienmitglieder angesehen wurden, galt es als selbstverständlich, dass sie da waren, was bei ihr nicht der Fall war). Und zweitens durfte sie das Neugeborene nicht annähernd so lange auf dem Arm halten wie die leiblichen Großeltern. Warum? Weil die Eltern des Kindes (die mittlere Generation) ihre Zeit mit dem Baby begrenzten.

Welche Person ist die am wenigsten engagierte in Ihrer Situation? Öffnen die »Türsteher« Ihnen die Tür oder halten sie sie verschlossen? Wenn Letzteres der Fall ist, warum meinen sie wohl, dass sie die Nähe zwischen den Generationen bestimmen sollten? (Wenn Sie sie fragen würden, könnte es sein, dass die Antwort anders lautet, als Sie erwartet haben.)

Wir hoffen, allen Beteiligten einer Stiefgroßeltern-Beziehung in diesem Kapitel dabei zu helfen, die Erfahrungen und Bedürfnisse der jeweils anderen Seite besser zu verstehen. Wir möchten Ihnen Mut machen, die Bedürfnisse der anderen über Ihre eigenen zu stellen, während Sie nach Wegen suchen, um zu gegenseitigem Respekt und zu einem grundlegenden Grad an Nähe zu gelangen.

»Ich dachte, sie würden sich freuen, wenn ich wieder heirate«

Wenn die mittlere Generation diejenige ist, die sich entschließt, erneut zu heiraten und eine Patchworkfamilie zu bilden, ist sie in der Regel hoch motiviert, den Stiefgroßeltern eine Rolle im Leben ihrer Kinder zukommen zu lassen. Wenn jedoch die obere Generation sich für eine zweite Ehe entscheidet, reagieren die erwachsenen Kinder – genau wie jüngere Kinder – mit einer Vielzahl an Emotionen. Das kann bei Paaren, die sich erst später im Leben kennenlernen, zu bösen Überraschungen führen.

»Wir konnten das wirklich nicht ahnen«, erzählte uns ein Mann Ende sechzig. »Es ist schon viele Jahre her, seit ihre Mutter gestorben ist, und meine Kinder haben sich immer Sorgen gemacht, dass ich einsam werden könnte. Eines von ihnen hat mir sogar geraten, online nach einer neuen Partnerin zu suchen. Ich dachte, sie würden sich freuen, wenn ich wieder heirate, aber das war leider nicht so.« Und seine Frau fügte hinzu: »Ich habe immer gedacht, erwachsene Kinder würden auch wie Erwachsene damit umgehen.«

Während erwachsene Kinder sich überlegen sollten, welchen Anteil sie an den Problemen in der Familie haben, sollten Paare der oberen Generation nicht vorschnell über erwachsene Kinder urteilen, sondern erkennen, dass die erneute Heirat von Vater oder Mutter für sie viele Veränderungen mit sich bringt – und auch viele Verluste. Die Sorgen der Kinder sollten respektiert und ernst genommen werden, sonst wird alles nur noch schlimmer.

Was also bewegt die mittlere Generation?

»Es ist, als würden wir sie noch einmal verlieren«

Die Geschichte jeder Patchworkfamilie ist die Geschichte eines Verlustes und dieser schwelt immer im Hintergrund. Wie dieser Verlust zustande kam, hat Auswirkungen darauf, wie ein erwachsenes Kind auf die spätere Wiederheirat von Vater oder Mutter reagiert. Eine Scheidung zum Beispiel schneidet die Familiengeschichte eines Kindes ab und erschüttert die familiäre Stabilität (egal, ob das Kind noch klein oder schon erwachsen war, als die Scheidung vollzogen wurde). Aber auch die Art und Weise der Trennung spielt eine Rolle. Wenn einer der Partner eine Affäre hat, den Ehepartner und die Kinder wiederholt anlügt, die Familie von einem Tag auf den anderen verlässt, sodass sie finanziell und seelisch allein klarkommen müssen, und dann noch mit dem neuen Liebhaber oder der Geliebten ins Ausland abhaut, der muss sich nicht wundern, wenn die Kinder auf die Ankündigung der Hochzeit nicht begeistert reagieren. Das eigene Verhalten hat großen Schmerz hervorgerufen. Was für Vater oder Mutter ein »Gewinn« war, ist für die Kinder ein Riesenverlust. Darum geht es. Natürlich verlaufen die Dinge nicht immer so extrem, aber der Punkt ist ja: Die Geschichte, die im Hintergrund der neuen Heirat steht, ist von Bedeutung und daher müssen wir unsere Erwartungen zu den Reaktionen der erwachsenen Kinder entsprechend anpassen.

> Die Geschichte jeder Patchworkfamilie ist die Geschichte eines Verlustes und dieser schwelt immer im Hintergrund.

Anders ist es für die mittlere Generation, wenn ein Elternteil gestorben ist. Dann hört sich das Ganze ungefähr so an: »Mama und Papa hatten eine gute Ehe. Es war nicht alles perfekt, aber sie haben einander geliebt – das dachten wir jedenfalls. Als Mama an Krebs erkrankt ist, haben wir gemeinsam gekämpft. Papa hat sich bis zum Ende liebevoll um sie gekümmert. Sie ist erst seit ein paar Monaten tot. Wie kann es sein, dass er jetzt schon darüber hinweg ist? Hat er Mama doch nicht wirklich geliebt? Für uns ist es, als würden wir sie noch einmal verlieren.«

In einer solchen Situation wollen sich die Dinge einfach nicht zusammenfügen lassen. Die Entscheidungen des Vaters verunsichern seine erwachsenen Kinder und führen dazu, dass sie alles infrage stellen, was sie bisher kannten – oder zu kennen glaubten –, und an ihm zu zweifeln beginnen. Bis die Kinder seine Ehe mit einer anderen Frau gutheißen, geschweige denn, ihre Rolle als Stiefgroßmutter anerkennen können, wird auf jeden Fall viel Zeit vergehen.

Darum der Rat an Paare der oberen Generation: Heiraten Sie nicht zu schnell. Und wenn Sie bereits verheiratet sind, sollten Sie vernünftige Erwartungen haben bezüglich dessen, wie bald die Familienmitglieder aufeinander zugehen können. Auch für erwachsene Kinder gilt, was wir in diesem Buch bisher über Liebeskonflikte, konkurrierende Verbindungen und unterschiedliche Motivationsgrade, einander als Familie zu akzeptieren, gesagt haben. Auch wenn die Kinder »Erwachsene« sind: Ein Verlust ist ein Verlust. Eine Veränderung ist eine Veränderung. Seien Sie hier also sensibel und verlieren Sie nicht aus dem Blick, dass die Hintergrundgeschichte von großer Bedeutung ist.

»Außenseiter in meiner eigenen Familie«

Was wir als Eltern von erwachsenen Kindern oft unterschätzen (wir beide, Gary und Ron, haben auch erwachsene Kinder), ist die enorme psychologische Bedeutung unserer Rolle in ihrem Leben. Für sie sind wir ihr »Zuhause«.

Gegenüber unseren Eltern sehen wir alle uns als Kinder. Vielleicht haben Sie, so wie wir auch, schon die seltsame Erfahrung gemacht, wie es ist, für alte Eltern zu sorgen. Ist das nicht eine verkehrte Welt? Sie sollten doch für sich selbst und für uns sorgen – wir sollten doch keine Entscheidungen für sie treffen müssen! Das Leben scheint für uns Kopf zu stehen, wenn wir mit der Aufgabe konfrontiert werden, uns um unsere Eltern zu kümmern. Um damit klarzukommen, müssen alle ihre Erwartungen verändern und ihre Identität in der Beziehung zum anderen neu definieren.

Etwas Ähnliches kann man manchmal bei Kindern aus Scheidungsfamilien beobachten: Die Kinder kümmern sich um das seelische Wohl ihres Elternteils und übernehmen zu Hause mehr Verantwortung. Wenn Vater oder Mutter später wieder heiraten, müssen auch die erwachsenen Kinder sich an die Veränderungen im Leben ihres Elternteils anpassen. Es ist vielleicht nicht besonders fair, aber wir wollen Stabilität im Leben unserer Eltern, damit sie uns in unserem manchmal unvorhersehbaren und gelegentlich chaotischen Leben unterstützen können. Selbst wenn mein Leben als Erwachsener komplett gescheitert ist, kann ich immer wieder »nach Hause« kommen, um wieder Beständigkeit, Liebe und Fürsorge zu finden.

Die erneute Heirat eines Elternteils schlägt durch alle Generationen hindurch Wellen. Eine einschneidende Veränderung für erwachsene Kinder ist das Gefühl, nicht mehr »nach Hause« gehen zu können. Es ist einfach nicht mehr so wie vorher. Eine erwachsene Tochter erzählte uns: »Wenn ich meine Mutter an Thanksgiving besuche, dann sind dort ganz viele Leute aus der Familie ihres Mannes, die ich nicht kenne – seine Kinder und Enkel und weitere Familienangehörige. Ich bin jetzt die Außenseiterin und einsam inmitten meiner eigenen Familie.«

Die Stabilität ist verloren gegangen, man wird nicht mehr so umsorgt und muss die Zeit, Energie und Aufmerksamkeit des Elternteils mit fremden Leuten teilen. Doch bei manchen Menschen geht es sogar noch tiefer. Sich zu Hause allein zu fühlen, berührt den Kern ihrer Identität. Vielleicht erinnern Sie sich noch an einen Gedanken, den wir in Kapitel 5 dargelegt haben: Sobald ein Elternteil wieder heiratet, lösen sich die letzten Teile der Ursprungsfamilie, die ein Kind noch besitzt, weiter auf und damit auch der Platz, den das Kind in dieser Familie hatte.[31] Die erwachsenen Kinder verlieren dann nicht nur ihr Zuhause, sie müssen auch ihren Platz in der Familie und in der Welt neu finden. Wenn meine Identität mit meiner Familie verbunden ist und die Familie sich verändert, wer bin ich dann?

Ron hatte einmal ein Gespräch mit zwei erwachsenen Geschwistern namens Ryan und Samantha über die konkurrierenden Beziehungen, die er bei ihnen wahrgenommen hatte und die sie seiner Meinung nach davon abhielten, die neue Ehefrau ihres Vaters und deren Familie zu akzeptieren. Die Eltern von Ryan und Samantha hatten sich nach über dreißig Jahren Ehe scheiden lassen. Zu diesem Zeitpunkt hatten die beiden Geschwister bereits eigene Familien und mussten ihren Kindern helfen, mit der Trennung ihrer Großeltern umzugehen. Zwei Jahre später heiratete der Vater eine Frau, die selbst auch Kinder und Enkel hatte. Schon nach kurzer Zeit redeten die neuen Stiefenkel den Großvater mit dem Kosenamen an, den Ryans und Samanthas Kinder ihm gegeben hatten. Ryan, Samantha und alle ihre Familienmitglieder fühlten sich dadurch zurückgesetzt und waren wütend auf ihren Vater, weil er diese Anrede zuließ. Die beiden Geschwister befürchteten, dass ihren Kindern dadurch die Botschaft vermittelt würde: »Ihr seid nichts Besonderes, meine neue Familie aber schon.«

War das wirklich die Absicht ihres Vaters gewesen? Wahrscheinlich nicht. War es gerechtfertigt, dass seine Kinder ihm vorwarfen, er kümmere sich nicht um sie und seine Enkel? Objektiv gesehen würden sich für beide Seiten Argumente finden lassen, aber darum geht es eigentlich nicht. Das Auseinanderbrechen einer Familie und die darauffolgenden Veränderungen höhlen die familiäre Stabilität aus und erschüttern unsere Identität und unseren von uns wahrgenommenen Stellenwert in der Familie bis in die Grundfesten.

Unserer Meinung nach müssen an diesem Problem beide Parteien arbeiten. Paare aus der oberen Generation sollten Verständnis für ihre erwachsenen Kinder haben und erkennen, wie umwälzend die Wiederheirat für sie ist. Sie sollten den Kindern mit Geduld begegnen, mit ermutigenden Worten und anderen Ausdrucksformen der Liebe, um eine Identitätskrise zu verhindern. Und Erwachsene der mittleren Generation sollten gegebenenfalls lernen, mit den wahrgenommenen Verlusten emotional klarzukommen und ihren Identitätssinn zu festigen, und zwar unabhängig von den Beziehungsentscheidungen ihrer Eltern. Beides ist nicht einfach, aber notwendig.

Auf der Suche nach Wertschätzung: Sorgen um Geld und Erbe

Der Identitätsverlust ist nicht das Einzige, was dazu führt, dass ein erwachsenes Kind sich in der Patchworkfamilie nicht wertgeschätzt fühlt. Ein drohender finanzieller Verlust – zum Beispiel, weil das Familienerbe schlecht geregelt ist – vermittelt dieselbe Botschaft.

Wenn ein Elternteil ständig mehr Geld für seine leiblichen Kinder ausgibt als für die Kinder seines Partners bzw. seiner Partnerin, bekommen die Stiefkinder und ihr Elternteil den Eindruck, weniger wert zu sein. Und wenn ein Vater oder eine Mutter sich vom Expartner diktieren lässt, wie die die Kinder betreffenden Rechnungen zu bezahlen sind, dann fühlt sich der neue Partner/die Partnerin hierdurch ebenfalls zurückgesetzt. Wer sich nach einer Wiederheirat weigert, die neue Familie in seiner Lebensversicherungspolice zu berücksichtigen, weckt bei seinem neuen Partner/seiner neuen Partnerin Misstrauen und die Befürchtung, schlechter behandelt zu werden als die Kinder oder sogar die Exfrau oder der Exmann des Partners.

Wenn ein Elternteil erneut heiratet, tauchen bei den Kindern oft Fragen bezüglich des Familienerbes auf (Bargeld und Vermögen, aber auch Erinnerungsstücke). Wie diese Fragen beantwortet werden und welche Einstellung der Eltern- und der Stiefelternteil dazu haben, beeinflusst stark, ob und in welchem Maße die Stiefgroßeltern in die Familie aufgenommen werden – und ob die »Türhüter« ihnen Zugang zu den Enkelkindern gewähren.

Paaren, die erst später im Leben heiraten, sagen wir immer, dass es bei bestimmten von den Kindern angesprochenen Dingen in erster Linie um das Thema der persönlichen Wertschätzung geht. Dazu gehören Fragen wie: »Wer wird durch deine Lebensversicherung begünstigt?« oder »Legst du immer noch Geld für die Ausbildung unserer Kinder beiseite, so wie du es getan hast, bevor du sechs neue Stiefenkel bekommen hast?« Oberflächlich betrachtet geht es hier um Geld, aber in Wirklichkeit – und das ist viel entscheidender – fragen sich die Kinder, ob sie Ihnen immer noch genauso viel bedeuten wie früher. Familiäre Veränderungen (vor allem, wenn es unerwünschte sind) scheinen das infrage zu stellen. Darum sollten Sie immer zuerst die Wertfrage beantworten.

»Weil ihr Kinder mir so viel bedeutet, möchte ich, dass ihr immer über meine finanzielle Situation informiert bleibt. Meine Frau und ich werden sicherstellen, dass ihr alle versorgt seid. Wir werden einen Fonds einrichten, mit dem alles geregelt ist, falls mir etwas zustoßen sollte. Im Detail sieht das dann so aus: …«

Betonen Sie immer, wie wichtig der andere für Sie ist, bevor Sie die an der Oberfläche befindlichen Fragen beantworten.* Reden Sie erst im zweiten Schritt über die praktischen Finanz- und Erbfragen – und zwar klar und deutlich (halten Sie Ihre Pläne auch schriftlich fest). Erwachsene Kinder haben ein Recht zu wissen, was vor sich geht, und sollten gegebenenfalls auch an dem Prozess beteiligt werden. Versuchen Sie dabei die Bedürfnisse jeder Seite zu berücksichtigen.

Aufgeplatzte Wunden

Bei manchen erwachsenen Kindern kommt noch etwas anderes zum Tragen, das sich auf ihr Verhalten gegenüber Stiefgroßvater oder Stiefgroßmutter auswirkt und bestimmt, ob sie die Tür öffnen oder geschlossen halten: das Aufplatzen alter Wunden aus der ersten Familie, wenn ein Elternteil sich aufs Neue verliebt und eine Familie gründet.

»Du hast Papa nie so geliebt«, warf Jason seiner Mutter vor, als sie ihm ihre Verlobung verkündete. »Du hast ihm immer

* Das Thema Finanzen kann in diesem Buch nicht erschöpfend behandelt werden, aber Ron und seine Kollegen Greg Pettys und David Edwards haben hierzu ausführliche Ratschläge erarbeitet, die Sie in *The Smart Stepfamily, Guide to Financial Planning* (Bethany House, 2019) nachlesen können.

nur das Zweitbeste gegeben und das hat ihn und unsere Familie zerstört. Und jetzt willst du, dass ich mich für dich freue?«

Alte Wunden aus der ersten Familie können schnell wieder aufplatzen, wenn ein Elternteil sich aufs Neue verliebt und eine Familie gründet.

Jason war eindeutig immer noch verletzt aufgrund der Entscheidungen, die seine Mutter getroffen hatte. Er hatte ihr zwar vergeben und gedacht, dass er seinen Ärger überwunden hätte. Aber als er sah, wie seine Mutter einen anderen Mann von ganzem Herzen liebte, flammte sein Schmerz erneut auf, denn er sah nun zum ersten Mal, wie die Ehe seiner Eltern hätte sein können.

Wenn frühere Verletzungen wieder an die Oberfläche kommen, sollten beide Generationen sie als das erkennen, was sie sind, und den Schmerz verarbeiten – jeder für sich, aber auch gemeinsam –, damit sie einen Weg nach vorn finden können. Die Herausforderung besteht darin, die emotionale Kluft zwischen den Generationen zu überbrücken. Weiter oben haben wir bereits dargelegt, was passiert, wenn das neue Paar, das in seiner Beziehung möglichst schnell die nächsten Schritte gehen will, und die Kinder, die wieder mit ihrem Schmerz zu kämpfen haben, die Bedürfnisse der jeweils anderen Seite übersehen; dann kann sich zwischen ihnen schon bald eine Kluft so groß wie der Grand Canyon bilden. Das Großelternteil und dessen neue Ehepartner wundern sich: »Was ist bloß mit den Kindern los? Warum sind sie so egoistisch?«, während die erwachsenen Kinder sich vergessen und abgewertet fühlen.

Weil ein Verlust im Lauf der Zeit erneut betrauert werden muss, bietet der wiederauftauchende Schmerz Eltern und Kindern die Gelegenheit, aufeinander zuzugehen, und zwar nicht mit Vorwürfen, sondern mit einer Entschuldigung, Vergebung und Versöhnung. Verpassen Sie diese Gelegenheit nicht, wenn sie sich auftut (zu diesem Thema empfehlen wir Garys Buch

Die fünf Sprachen des Verzeihens. Die Kunst, wieder zueinanderzufinden).

Abrupte Kehrtwenden vermeiden

Die Beziehungen zwischen der oberen und der mittleren Generation können auch durch eine sogenannte »abrupte Kehrtwende« erschwert werden.

Nach zweiundvierzig Ehejahren verstarb Gregs Frau, als er sechsundsechzig war. Nach vierzig Jahren Ehe wurde Paula (mit fünfundsechzig) Witwe. Beide Ehepartner starben im Mai. Greg und Paula lernten sich im September über das Internet kennen, trafen sich im Januar zum ersten Mal, erzählten ihren Kindern im März, dass sie eine ernsthafte Beziehung hatten, und verkündeten eine Hochzeit im Mai, ein Jahr, nachdem ihre ersten Partner verstorben waren.

So etwas nennt man eine abrupte Kehrtwende.

Als Gregs mittlerer Sohn von den Hochzeitsplänen erfuhr, sagte er: »Also, Papa, Mama ist zwar tot, aber noch nicht *so* tot.«

Und als Greg seinen ältesten Sohn fragte, ob er etwas Besonderes für die Hochzeitsfeier planen solle, antwortete der nur mit: »Krass.«

Auch Paulas Kinder waren irritiert und diskutierten darüber, was sie unternehmen sollten. »Mama war immer sparsam mit ihrem Geld und vorsichtig in ihren Beziehungen, aber jetzt scheint sie das alles über Bord geworfen zu haben. Ich möchte ja gern, dass sie glücklich ist, aber anscheinend hat sie die Dinge nicht mehr unter Kontrolle.«

»Ja, sie gibt Geld aus und trifft Entscheidungen, die sie später bestimmt bereuen wird. Wir müssen mit ihr darüber reden.«

Erwachsene der oberen Generation sollten sich darüber im Klaren sein, dass schnelle Kehrtwenden dieser Art bei den erwachsenen Kindern der mittleren Generation Zweifel hervorrufen, wobei die Kinder ja ohnehin schon durch Veränderungen belastet sind. Letztendlich behindert dies das Verhältnis zu den Stiefgroßeltern noch zusätzlich. Wenn erwachsene Kinder Zweifel daran hegen, wie die Beziehung zustande kam oder ob sie von Dauer sein wird, dann werden sie ihre eigenen Kinder noch mehr beschützen.

Dies bedeutet jedoch nicht, dass ältere Paare erst die Genehmigung der mittleren Generation einholen müssen, bevor sie heiraten können. Aber es ist eben auch nicht besonders weise, wenn ein Paar blind in die Ehe rennt, ohne an die negativen Folgen zu denken, die entstehen, wenn die Gefühle der Kinder missachtet werden. Vergessen Sie nicht: Ihre Kinder sorgen sich um Sie, haben mit den Veränderungen zu kämpfen, mit Verlusten und Identitätsproblemen, und sind tief in die Entscheidungen verwoben, die Sie treffen. Also nehmen Sie im Blick auf Ihre Heirat Rücksicht auf Ihre Kinder, indem Sie nichts überstürzen. (Das Buch *Dating and the Single Parent* von Ron L. Deal geht ausführlich auf dieses Thema ein.)

> Es ist nicht besonders weise, wenn ein Paar blind in die Ehe rennt, ohne an die negativen Folgen zu denken, die entstehen, wenn die Gefühle der Kinder missachtet werden.

Welche der oben beschriebenen Punkte sind für Ihre Familie relevant? Wenn Sie dieses Kapitel zusammen mit den verschiedenen Generationen bearbeiten, dann sprechen Sie miteinander über Ihre Beobachtungen, haben Sie Verständnis füreinander und überlegen Sie sich gemeinsam die nächsten Schritte.

Wie sind Sie in die Familie hineingekommen?

Wie gut die Beziehung zu Ihnen als Stiefgroßvater oder Stiefgroßmutter in einer Patchworkfamilie ist, hängt nicht nur von den Veränderungen ab, mit denen die mittlere Generation klarkommen muss, sondern auch von der Art und Weise, wie Sie in die Familie hineingekommen sind. Anders ausgedrückt: Was für eine Art Stiefgroßmutter oder Stiefgroßvater sind Sie?

Weiter oben im Kapitel haben wir eine Situation von *späten Stiefgroßeltern* beschrieben.[32] Wenn eine Person erst spät im Leben jemanden heiratet, der bereits Großvater oder Großmutter ist, dann bekommt er oder sie dadurch erwachsene (oder beinahe erwachsene) Stiefkinder und Stiefenkel. Meistens ist dieser Stiefgroßelternteil hoch motiviert, zu allen drei Generationen eine gute Beziehung aufzubauen. Ob das auf Gegenseitigkeit beruht, hängt von verschiedenen Faktoren ab. Wenn erwachsene Kinder die Stiefmutter als »die Frau meines Vaters« bezeichnen und sich selbst nicht als »Stiefkinder« (oder ihre Kinder als »Stiefenkel«) sehen, dann ist es wahrscheinlich nicht gelungen. Hat die mittlere Generation die Stiefmutter oder den Stiefvater jedoch schätzen gelernt, ist eine gute Beziehung zwischen den Generationen möglich.

Wenn die mittlere Generation sich bereits dem Erwachsenenalter nähert und ihre Lebensumstände so gestaltet sind, dass der späte Stiefgroßelternteil keine Gelegenheit mehr hat, sich an ihrer Erziehung zu beteiligen, dann ist der ältere Erwachsene *ein/e generationsüberspringende/r Stiefgroßvater/-mutter.*[33] Er oder sie steht dem erwachsenen Stiefkind vielleicht nicht besonders nahe, hat aber den Vorteil, dass es, wenn Stiefenkel geboren werden, für diese keine Zeit in ihrem Leben geben wird, in der der ältere Erwachsene nicht da war. Dadurch wird eine enge Beziehung zwischen ihnen und dem Stiefgroßelternteil sehr viel wahrscheinlicher und dies kann indirekt auch die Akzeptanz durch die mittlere Generation fördern. Dennoch muss die mittlere Generation ihre eigenen Entscheidungen treffen und wird bestimmen, wie eng die Beziehung zwischen den beiden anderen Generationen wird.

Wenn ein Kind, das seit vielen Jahren einen Stiefelternteil

hat, erwachsen wird und selbst Kinder bekommt, dann wird aus dem Stiefelternteil ein Stiefgroßelternteil. Die Qualität der Beziehung zwischen dem *Langzeit-Stiefgroßelternteil* und dem inzwischen erwachsenen Kind entscheidet darüber, wie viel Zeit dieser mit dem jüngsten Familienzuwachs verbringen darf und wie intensiv die Verbindung zwischen den beiden wird. Aber da das Enkelkind den Stiefgroßvater oder die Stiefgroßmutter auch in diesem Fall von Beginn an in seinem Leben hat und bereits von klein auf eine Beziehung zu ihm oder ihr aufbauen kann, ist hier ebenfalls eine positive Auswirkung auf das Verhältnis zwischen seinem Elternteil und dessen Stiefmutter oder Stiefvater möglich. Tatsächlich haben wir es schon erlebt, dass die Beziehung zwischen Stiefenkelkindern und Stiefgroßeltern auf diesem Weg eine heilsame Wirkung auf eine belastete Beziehung zwischen den oberen zwei Generationen ausgeübt hat. Wenn Eltern der mittleren Generation sehen, wie ihr Kind von Stiefgroßvater oder Stiefgroßmutter innig geliebt wird, kann das ihr Herz erweichen.

Dann sind da noch die Stiefgroßeltern, die ihre Rolle sozusagen »geerbt« haben, weil ihr leibliches Kind zu einer Stiefmutter oder einem Stiefvater geworden ist. Das Besondere an dieser Situation ist, dass die älteren Erwachsenen hier keine bewusste Entscheidung getroffen haben, diese Aufgabe zu übernehmen. Bei den drei anderen Arten von Stiefgroßeltern haben diese sich selbst in die Situation hineinbegeben, während »geerbte Stiefgroßeltern« praktisch in die Familie »hineingezogen« wurden. Diese Stiefgroßeltern müssen also erst noch die Motivation finden, um eine starke, enge Beziehung zu ihren Stiefenkelkindern aufzubauen. Außerdem kann es bei ihnen zu Liebes- (bzw. Loyalitäts-)Konflikten zwischen ihrem Engagement für die leiblichen Enkel und dem für die neuen Stiefenkelkinder kommen.

Ohne Frage hat jede Konstellation ihre Vor- und Nachteile, die sich auf die Stiefgroßeltern und die Beziehungen zwischen den Generationen auswirken. Was aber kann man tun, um mit diesen Faktoren und mit den Auswirkungen auf die mittlere Generation richtig umzugehen?

Brücken zwischen den Generationen bauen

In einer Patchworkfamilie hat jede Generation ihre eigene Aufgabe bei der Stärkung der familiären Beziehungen. Die Schlüsselworte für alle Beteiligten lauten hier: Geduld haben, die Geschwindigkeit anpassen und Gemeinschaft suchen. Soweit es an Ihnen liegt, versuchen Sie einen Weg zu finden, um in Frieden mit den anderen zu leben und die Beziehungen zu verbessern.

Stiefgroßeltern

Was Stiefgroßeltern auf jeden Fall immer unternehmen können, ist, sich zu engagieren. Je mehr Sie sich einsetzen, desto mehr Einfluss und Chancen werden Sie haben. Wie bereits gesagt, können Sie natürlich niemanden dazu zwingen, Ihre Liebe anzunehmen oder diese zu erwidern. Darum müssen Sie Ihre Geschwindigkeit an die der anderen Beteiligten anpassen. Aber allein schon Ihre Bereitschaft, sich einzubringen, versetzt Sie in eine Position der Stärke. Und natürlich können die fünf Sprachen der Liebe für Sie als Anhaltspunkt dienen, wie Ihr Engagement aussehen soll. Was wir in den vergangenen Kapiteln über ihre Anwendung festgehalten haben, gilt sowohl für die sich entwickelnden Beziehungen zu den erwachsenen Stiefkindern als auch für die zu den Stiefenkelkindern (siehe Kapitel 5).

Wenn es Hindernisse gibt, sprechen Sie mit Ihrem Partner und vielleicht auch mit den Beteiligten direkt darüber und versuchen Sie deren Standpunkt zu verstehen. Wenn zum Beispiel die mittlere Generation distanziert ist, nähern Sie sich Ihren Stiefenkeln an und berücksichtigen Sie dabei deren Tempo und das ihrer Eltern.

Gegenüber erwachsenen Stiefkindern kann es hilfreich sein, ihnen deutlich zu machen, dass Sie nicht ihr Vater/ihre Mutter sein und diese auch nicht ersetzen wollen. Dass Sie für die Beziehung zum leiblichen Elternteil keine Bedrohung darstellen, ist eine wichtige Grenze, die Sie eindeutig handhaben sollten. Seien Sie außerdem bereit, hin und wieder in den Hintergrund zu treten und den Stiefkindern Zeiten zu gewähren, die sie allein mit Ihrem Partner oder mit anderen Familienmitgliedern verbringen können. Wenn Sie es ihnen ermöglichen, solche besonderen Phasen der Zweisamkeit mit den Menschen zu genießen, die sie lieben, wird das auch für das Verhältnis zwischen Ihnen positive Folgen haben.

Eine andere Grenze, die es zu wahren gilt, hat mit der Familienidentität und der Anrede zu tun. Ungeklärte Beziehungen verstärken das Gefühl der Isolation. Versuchen Sie also, Klarheit in den momentanen Stand Ihrer Beziehungen zu bringen, indem Sie darüber sprechen, wie Sie sich gegenseitig anreden wollen, sowohl im privaten Bereich als auch in der Öffentlichkeit. Eine »späte« Stiefmutter und Stiefgroßmutter könnte das Thema ihrem erwachsenen Stiefkind gegenüber zum Beispiel folgendermaßen anschneiden: »Normalerweise würde ich als Stiefmutter dich ja als ›mein Kind‹ oder ›mein Stiefkind‹ bezeichnen. Und du würdest mich vielleicht einfach als deine ›Stiefmutter‹ bezeichnen. Aber ich frage mich, was dir in unserer Situation am liebsten wäre. Du bist 28 Jahre alt und ich will ganz bestimmt nicht versuchen, für dich in irgendeiner Weise eine Mutter zu sein. Vielleicht würdest du dich ja wohler fühlen, wenn du mich als ›Papas Frau‹ vorstellen könntest? Was findest du am besten? Und wie soll ich dich vor anderen nennen?«

Auf diese Weise erhalten Sie eine von beiden Seiten akzeptierte Definition dessen, wer Sie füreinander sind und was Sie daher von Ihrer Beziehung erwarten können. Dadurch klären sich die Dinge und es eröffnet sich für Sie beide ein Weg nach vorne. Die gegenseitige Anrede kann sich übrigens im Laufe der Zeit auch verändern; in ihr spiegelt sich dann Ihr sich vertiefendes Verhältnis. Oder auch nicht. Auf jeden Fall ist es wichtig, dass Sie beide sich in der Wahl Ihrer Anrede einig sind.

Für Stiefgroßeltern, die ihre Rolle »geerbt« haben und über die Heirat ihres Kindes nicht besonders glücklich sind, gibt es noch einen weiteren Stolperstein: die Versuchung, übertrieben kritisch gegenüber den Erziehungsmethoden und den familiären Verhältnissen des Kindes zu sein. Doch dadurch wird nicht richtig, was Sie als falsch empfinden. Statt weitere Barrieren für die Familie zu errichten, sollten Sie sich besser um ein positives Klima bemühen und Hoffnung in die Situation bringen.

Großeltern

Seien Sie auf der Seite aller Beteiligten. Beziehen Sie die Generationen demonstrativ in alles mit ein, aber zwingen Sie die »Zutaten« nicht, nach Ihren Zeitvorgaben zu »kochen«. Haben Sie vielmehr Geduld, während Sie Schritte unternehmen, um die Akzeptanz gegenüber dem Stiefgroßelternteil zu fördern (siehe Kapitel 1).

Gehen Sie auf Ihre Kinder zu, indem Sie sich Zeit für sie nehmen und sie in ihrer Trauer begleiten. Sie sind für sie ein wesentlicher Teil ihrer Familiengeschichte und deshalb müssen Ihre Kinder die Gewissheit haben, dass Sie diese Geschichte immer noch mit ihnen teilen – auch die gemeinsamen Verluste –, selbst wenn Sie jetzt wieder verheiratet sind. Wenn Sie in dieser Weise auf Ihre Kinder zugehen, hilft ihnen das, irgendwann auch auf Ihren neuen Ehepartner zuzugehen.

Ergreifen Sie die Initiative und sprechen Sie mit Ihren Kindern über finanzielle Themen und Erbfragen, vor allem wenn

Sie im höheren Alter noch einmal geheiratet haben. Die mittlere Generation braucht die Gewissheit, dass sie und ihre Kinder immer noch berücksichtigt werden.

Noch ein letzter Gedanke: Mit leiblichen Enkelkindern in Verbindung zu bleiben, die beim früheren Ehepartner Ihres Kindes leben, ist oft nicht so einfach, vor allem, wenn die Scheidung unschön verlief und Sie den Eindruck haben, sich zwischen den Fronten zu befinden. In einer solchen Situation ist die Versuchung groß, den Kontakt zu den Enkeln zu meiden. Doch dies macht es dem Stiefgroßelternteil (also Ihrem Mann oder Ihrer Frau) fast unmöglich, eine Beziehung zu ihnen aufzubauen. Sprechen Sie mit Ihrem Kind darüber, machen Sie ihm begreiflich, dass Sie ihm gegenüber weiterhin loyal sind, und dann verbringen Sie Zeit mit Ihren Enkeln.

Erwachsene Kinder

Übernehmen Sie die Verantwortung für Ihre Gefühle, für Ärger, Verletzungen und Ängste. Sie müssen Lösungen für die vorliegenden Probleme finden. Warten Sie nicht, bis Ihr Vater/ Ihre Mutter das tut.

Sie sollten Ihrem Vater/Ihrer Mutter zugestehen, dass er/ sie berechtigte Wünsche und Bedürfnisse hat, die zu der neuen Beziehung geführt haben. Es mag für Sie seltsam sein und eine gewisse Zeit brauchen, aber treffen Sie die Entscheidung, den neuen Familienmitgliedern Raum zu geben, und gehen Sie freundlich auf sie zu. Bauen Sie Brücken, keine Mauern.

Und schließlich: Selbst, wenn es Ihnen schwerfällt – halten Sie Ihre Kinder nicht davon ab, ihre Stiefgroßmutter/ihren Stiefgroßvater zu lieben, nur weil Sie es nicht können. Die Beziehung zwischen ihnen steht für sich selbst.

Die Vorbereitung von Festen

Wenn Feste oder besondere Jubiläen bevorstehen, werden Sie aktiv und sprechen Sie miteinander über Ihre Erwartungen, welche Personen da sein werden, wann sie kommen, wer was mitbringt und was von ihnen erwartet wird. Großeltern zum Beispiel können frei entscheiden, wie viel sie für die Geburtstage ihrer Kinder und für Weihnachtsgeschenke ausgeben. Stiefgroßeltern jedoch sollten ungefähr gleich viel für Stiefenkel und leibliche Enkelkinder ausgeben, damit niemand bevorzugt wird.

Finden Sie kreative Wege, wie Sie Ihre Zeit auf die Familienmitglieder verteilen. Viele Patchworkfamilien haben drei, vier oder mehr Großelternpaare. Es kann schwierig werden, an besonderen Tagen für alle Zeit zu finden. Teilen Sie Ihre Hoffnungen mit den anderen, sprechen Sie miteinander über Änderungen oder neue Gelegenheiten und treten Sie hin und wieder auch in den Hintergrund, damit andere zum Zug kommen. Auf lange Sicht zahlen sich solche kleinen Opfer meistens aus. Wir formulieren es gern so: Großzügigkeit verbindet, Besitzansprüche trennen.

Der Einfluss der Großeltern

Großeltern werden in ihren Familien oft innig geliebt. Die Beziehung zwischen den Großeltern und ihren Enkeln werden nur noch durch die Verbindung zwischen Eltern und Kindern übertroffen. Großeltern sind also ein wichtiger Bestandteil einer Familie, vor allem in Zeiten der Instabilität und der Belastungen. Mit anderen Worten: Großeltern sind ungeheuer wichtig. Stiefgroßeltern entsprechend auch. Liebevolle und gereifte Beziehungen zwischen den Generationen tragen demnach wesentlich dazu bei, gesunde Patchworkfamilien aufzubauen.

Sie sind dran

Welche der in diesem Kapitel behandelten Dynamiken gibt es in Ihrer Familie? Nehmen Sie sich einen Moment Zeit, um diese aufzuschreiben, und überlegen Sie dann, mit wem Sie noch darüber sprechen könnten. Denken Sie darüber nach, welche Schritte Sie im Hinblick auf diese Punkte unternehmen könnten.

8. Gemeinsam liebevolle Beziehungen aufbauen – trotz Ablehnung

»Als Stiefvater habe ich gemerkt, dass es mir viel leichter fällt,
meinen Stiefsohn zu lieben, wenn er meine Liebe erwidert.
Manchmal kommt es einem vor, als renne man gegen eine Wand.
Und wenn man einfach nichts erreichen kann,
dann möchte man am liebsten aufgeben.«

Wenn wir eine Beziehung zu einem Menschen haben, dann ist es für uns immer ein ermutigendes Gefühl, von der anderen Person eine positive Reaktion zu bekommen oder irgendein anderes Zeichen dafür, dass ihr diese Beziehung ebenfalls am Herzen liegt. Auch in einer Patchworkfamilie gibt eine solche Erfahrung uns den Mut, weiterhin auf das allmähliche Zusammenwachsen zu vertrauen. Was aber, wenn wir eben keine positive Reaktion bekommen – oder schlimmer noch, wenn uns gesagt wird, wir seien nicht willkommen?

Ablehnung gibt es immer wieder, und wenn wir selbst davon betroffen sind, schmerzt uns das tief. Darum sollten wir uns Gedanken darüber machen, wie es zu einer solchen Ablehnung kommt und was wir dagegen tun können. Darum soll es in diesem Kapitel gehen.

Dabei handelt es sich übrigens nicht um die typische Unsicherheit, die besteht, wenn neue Beziehungen zwischen Stiefkindern und Stiefeltern geschlossen werden. Manche Stiefeltern machen zum Beispiel den Fehler, ein Zögern des Kindes bereits als Ablehnung zu betrachten. Dabei ist das eine Reaktion, mit der wir rechnen sollten, denn die Motivation zu lieben ist einfach unterschiedlich stark vorhanden (siehe Kapitel 1). Auch kann es geschehen, dass Stiefeltern das scheinbare Desinteresse eines älteren Teenagers oder eines jungen Erwachsenen fälschlicherweise als Widerstand gegen die neue Familie interpretieren. Viel größer ist die Wahrscheinlichkeit, dass der Sohn oder die Tochter mit dem Erwachsenwerden beschäftigt ist, mit der Gestaltung eines eigenständigen Lebens oder mit der Gründung einer eigenen Familie.

Das sind die typischen, normalen »Wachstumsschmerzen« einer Patchworkfamilie. In diesem Kapitel soll es aber um den Schmerz gehen, den wir empfinden, wenn ein Kind oder ein anderes Familienmitglied sich konsequent weigert, uns in sein Leben hineinzulassen.

Wenn wir hochmotiviert sind, eine liebevolle Beziehung aufzubauen, ist die Ablehnung für uns äußerst schmerzhaft und entmutigend. Sie kann sogar dazu führen, dass wir am liebsten aufgeben würden, wie der oben zitierte Stiefvater es beschreibt. Was wir aber stattdessen brauchen, ist eine beständige, hartnäckige, geduldige Liebe.

> Konsequente Ablehnung kann dazu führen, dass wir am liebsten aufgeben würden.

Was hinter der Ablehnung steckt: die Vergangenheit

Elizabeth hat zwei Kinder von zwei verschiedenen Vätern. Der Vater ihres ersten Kindes interessiert sich nicht für seine Tochter, während der zweite Vater eine enge Beziehung zu seinem Sohn hat.

»Wenn man bedenkt, dass meine Tochter nie wirklich einen Vater gehabt hat, sollte man meinen, dass sie begeistert gewesen wäre, als mein jetziger Mann in unser Leben trat. Aber sie will nur ihren leiblichen Vater. Also wird mein Mann ausgeschlossen. Mein Sohn ist ihm gegenüber offen, aber meine Tochter nicht.«

Die Geschichten, die sich hinter einer Ablehnung verbergen, können sehr unterschiedlich sein. Wenn man aber einen Blick unter die Oberfläche wirft, dann tauchen ganz bestimmte Probleme immer wieder auf. Diese Kernthemen können sich massiv auf die Bereitschaft oder Motivation eines Menschen, den anderen zu lieben, auswirken und damit auch auf die Möglichkeiten, gemeinsam liebevolle Beziehungen in einer Patchworkfamilie zu gestalten. Manches hat mit dem zu tun, was in einer Familie gegenwärtig passiert, anderes mit dem, was in der Vergangenheit vorgefallen ist. Viele dieser Themen haben wir bereits in den vorangegangenen Kapiteln erwähnt; wir möchten sie aber noch einmal in Erinnerung rufen.

Traumatische Erfahrungen und Verluste

Elizabeths Tochter ist zum Teil deswegen nicht offen für ihren Stiefvater, weil sie einen Verlust erlitten hat. Es ist schwer, eine neue Person (den Stiefvater) in sein Herz hineinzulassen, wenn die Person, die man eigentlich in seinem Leben haben will, jemand ist, der unerreichbar bleibt (der leibliche Vater).

Ein anderes Beispiel: Vanessa fühlte sich sowohl von ihren erwachsenen Stiefkindern abgelehnt als auch von ihrem Mann. Benjamin hatte seine erste Frau Michelle nach zweiunddreißig glücklichen Ehejahren durch eine Krebserkrankung verloren. Sie starb nur zwei Monate nach der Diagnose. Benjamin und Michelle hatten sehr enge familiäre Beziehungen gehabt. Sie liebten ihre Kinder und Enkel innig und nahmen praktisch täglich Anteil an deren Leben. Die Trauer führte dazu, dass Benjamin Vanessa drängte, ebenfalls tägliche Kontakte zu den Kindern und Enkeln zu pflegen und dem einen ebenso hohen Wert beizumessen, wie er und Michelle es getan hatten. Vanessa war zwar gern mit Benjamins Familie zusammen, aber sie wollte ihr gesellschaftliches Leben nicht ganz und gar auf sie ausrichten. Sie wollte eine eigenständige Person bleiben und weigerte sich, in Michelles Rolle hineingedrängt zu werden. Benjamins Verlust – nicht nur seiner Frau, sondern auch seines familiären Rhythmus' – führte dazu, dass er versuchte, die Familie wiederherzustellen, indem er von Vanessa erwartete, so zu funktionieren wie ihre Vorgängerin. Als sie seine Erwartungen diesbezüglich nicht erfüllte, war er enttäuscht und zog sich innerlich von ihr zurück.

Unterschiedliche Auffassungen von Liebe

Was ein Stiefelternteil darunter versteht zu lieben und wie ein Stiefkind es definiert, kann sich sehr unterscheiden. Es mag sein, dass das Stiefkind der Auffassung ist, es verhalte sich respektvoll und liebevoll gegenüber Stiefvater oder Stiefmutter (und zwar in der Art, wie es in dem Bibelvers beschrieben wird: »Liebt eure Feinde und betet für die, die euch verfolgen!« [Matthäus 5,44]). Der Stiefelternteil dagegen fühlt sich abgelehnt, weil es ihm nicht gelingt, das Herz des Kindes so zu erreichen, wie er es sich wünscht.

Konkurrierende Beziehungen

Wer an einer bestehenden Verbindung krampfhaft festhält, wird einer neuen Beziehung gegenüber immer ein Stück weit verschlossen sein. Die Person will die Beziehung, die ihr als die wichtigste erscheint, nicht gefährden. Deshalb gibt sie ihr den Vorzug, auch wenn das der anderen Beziehung schadet.

Es sollte hier vielleicht hinzugefügt werden, dass in manchen Fällen das, was nach einem Liebeskonflikt aussieht, eigentlich nur zeigt, was für einen wichtigen Stellenwert die beiden Beziehungen haben. In all den Jahren als Berater von Familien haben wir oft ein Kind gegenüber dem Stiefelternteil sagen hören: »Ich mag dich ja – und genau das ist mein Problem.« Den Stiefvater oder die Stiefmutter zu mögen oder zu lieben, fühlt sich für das Kind wie ein Verrat gegenüber dem leiblichen Elternteil an (unabhängig davon, ob dieser auf der Loyalität besteht oder nicht). Dieser Konflikt kann zu einem Verhalten führen, das wie Ablehnung erscheint (obwohl da in diesem Fall gar keine ist).

Verletzungen
Was sich als Wut, Depression, innere Distanzierung oder unkooperatives Verhalten äußert, ist in Wirklichkeit häufig Schmerz. Ein Kind, das durch das Handeln eines Erwachsenen verletzt wurde, weil dieses zu einer Scheidung führte, begegnet daraufhin dem neuen Partner des Elternteils mit Ablehnung. Wenn hier Heilung geschehen soll, ist es nötig, sich dem Schmerz zu stellen und um Vergebung zu bitten.

Verunsicherung
Ein Kind, das sich mitten in den Wogen der Pubertät befindet, seine Identität neu finden und das Ende der Ursprungsfamilie verarbeiten muss, kann durch die Bildung einer Patchworkfamilie noch zusätzlich verunsichert werden. Wen liebe ich und wie? Wer bin ich für dich? Was wird von mir erwartet? Bei wem fühle ich mich sicher? Zu wem gehöre ich und wie sieht meine Familiengeschichte aus, jetzt wo andere Figuren die Handlung bestimmen? Es gibt viele Fragen, die ein Kind im Teenageralter gegenüber Outsidern weniger offen sein lassen.

Was hinter der Ablehnung steckt: die Gegenwart

Verletzungen aus der Vergangenheit können zum Hindernis für liebevolle Beziehungen in der Gegenwart werden. Doch wenn wir nach einer Erklärung für die ablehnende Haltung eines Menschen suchen, sollten wir nicht nur frühere Einflüsse in Betracht ziehen, sondern auch Probleme der Gegenwart.

Persönliche, kulturelle und religiöse Differenzen

Es ist nicht einfach, sich mit jemandem anzufreunden, der völlig andere Interessen oder Kernüberzeugungen hat als man selbst; noch schwieriger wird es, mit einem solchen Menschen in ein und derselben Familie zu leben. Zwei starke Persönlichkeiten, die beide jeweils die Erstgeborenen in ihrer Familie sind, können leicht aneinandergeraten, wenn sie über bestimmte Themen diskutieren – und das, obwohl sie eigentlich versuchen, eine gute Beziehung zueinander zu finden. Mitglieder einer Patchworkfamilie, die unterschiedliche soziale oder politische Ansichten haben, kommen manchmal nur sehr schwer miteinander aus. Und eine Stiefmutter, die auf eine gesunde Ernährung schwört, erlebt, wie ihr »Fastfood-Clan« über alles, was sie kocht, die Nase rümpft.

> Mit religiösen Unterschieden fertigzuwerden, ist schwerer, weil sie an unser Wahrheitsempfinden über Gott, die Welt und unseren Platz in ihr gebunden sind.

Patchworkfamilien mit unterschiedlichem kulturellen, ethnischen oder regionalen Hintergrund müssen noch vieles mehr miteinander in Einklang bringen als andere Familien. Wenn Menschen aus dem Süden und dem Norden oder aus der Großstadt und dem Dorf zusammentreffen, ist es nötig, dass sie ihre Differenzen, ihr Klischeedenken und ihre Vorurteile überwinden, sonst werden sie niemals eine gute Beziehung zueinander aufbauen können.

Unterschiede, die in der Persönlichkeit oder der Kultur begründet sind, lassen sich mit der Zeit leichter überwinden, wenn die betreffenden Personen es lernen, Verständnis füreinander aufzubringen. Mit religiösen Unterschieden fertig zu werden ist schwerer, weil sie an unser Wahrheitsempfinden über Gott, die Welt und unseren Platz in ihr gebunden sind. Menschen aus interreligiösen Familien haben oft tief sitzende Überzeugungen, die sie nicht aufgeben wollen, vor allem nicht, wenn es um ihre Kinder geht. Eltern (frühere Ehepartner inbegriffen) nehmen großen Anteil an dem, was ihren Kindern beigebracht wird; Diskussionen über religiöse Werte kommen einem Kampf um die Seele des Kindes gleich. Das kann dazu beitragen, dass zu Hause eine negative Stimmung aufkommt.

Oftmals führen religiöse Differenzen bereits vor der Eheschließung zu einer Trennung. Man kann nicht gemeinsam in zwei völlig entgegengesetzten Richtungen unterwegs sein. Darum raten wir solchen Paaren, die eine Heirat in Erwägung ziehen, dringend, ihre Pläne noch einmal zu überdenken.

Wenn Ihnen diese harte Realität jedoch erst nach der Hochzeit bewusst geworden ist und Sie sich jetzt in einer interreligiösen Ehe befinden, möchten wir Ihnen den Rat geben, nach dem zu suchen, was Ihre unterschiedlichen Glaubensrichtungen gemeinsam haben. Geben Sie Ihren Kindern gegenüber (je nach deren Alter) die Unterschiede zu und vermitteln Sie ihnen, wie Sie das Gemeinsame miteinander teilen und die bestehenden Differenzen handhaben wollen. Das ist natürlich eine Herausforderung und trägt in gewissem Maße zu einer Spaltung zwischen »wir und sie« in Ihrer Familie bei, die hoffentlich nicht in Ablehnung mündet. Um den Überzeugungen der anderen Respekt zu zollen, sollten Sie gelegentlich an solchen religiösen Ritualen und Aktivitäten teilnehmen, die für Sie akzeptabel sind. Und wenn Sie immer wieder mit den Kindern über Ihre eigenen Werte sprechen und sie ihnen vermitteln, kann das auch zu regelmäßigen Gesprächen darüber anregen, wie man einander trotz unterschiedlicher religiöser Ansichten lieben kann. Wahrscheinlich ist das kein Problem, das irgendwann verschwinden wird, deshalb sollten Sie hier einen langen Atem haben.

Die eigenen Anteile erkennen

Es ist wichtig, auch die eigenen Anteile an einer belasteten Beziehung zu erkennen, selbst wenn keine böse Absicht dahintersteht. In Kapitel 5 haben wir uns zum Beispiel damit beschäftigt, wie Beziehungen erschwert werden können, wenn das Tempo des Kindes nicht berücksichtigt wird. Distanziert man sich von dem Kind, gibt man ihm damit jedoch nur noch mehr Gründe zur Ablehnung.

Ein Stiefvater konnte rasch eine gute Beziehung zu seinen Stieftöchtern aufbauen; sein 33-jähriger Stiefsohn dagegen beachtete ihn nicht einmal, wenn er sich mit ihm im selben Raum befand.

»Er akzeptiert meine Gegenwart einfach nicht«, klagte der Stiefvater, »also ignoriere ich ihn auch. Ich weiß, dass das nicht richtig ist, aber ich kann nicht anders damit umgehen.«

Diese Reaktion ist unglücklich. Sie ist nicht nur »nicht richtig«, sondern trägt zu einer weiteren inneren Distanzierung bei. Situationen wie diese haben häufig zur Folge, dass man sich gegenseitig die Schuld in die Schuhe schiebt. Man kann sich lebhaft vorstellen, wie der erwachsene Stiefsohn anderen erzählt, sein »schrecklicher Stiefvater« zeige ihm die kalte Schulter, während der Stiefvater seinen Freunden dasselbe über den Stiefsohn berichtet. Egal wie ein solcher Krieg begonnen hat: Übernehmen Sie die Verantwortung für Ihren Teil und liefern Sie der anderen Person einen Grund, Ihnen eine Chance zu geben, und nicht noch mehr Gründe, Sie zurückzuweisen.

Eine verdiente Ablehnung

Es kann auch sein, dass Sie die Ablehnung verdient haben: durch zu harte Erziehungsmaßnahmen, durch zerstörerische Gewohnheiten wie Pornografie- oder Drogenabhängigkeit oder einfach durch ein nicht vertrauenswürdiges Verhalten. Wenn das so ist, dann beenden Sie dieses Verhalten bzw. suchen Sie sich Hilfe, entschuldigen Sie sich dafür und ändern Sie Ihren Lebensstil! Je nachdem, wie viel Schmerz Sie dadurch verursacht haben und wie lange diese Situation schon angedauert hat, kann es eine Weile brauchen, bis Vergebung und Heilung möglich sind – vielleicht sogar sehr lange. Dennoch sollten Sie diesen Prozess einleiten, indem Sie in aller Demut Ihr Versagen eingestehen, angemessene Veränderungen vornehmen und in Respekt und Liebe zu leben beginnen, selbst wenn die andere Person Ihnen gegenüber völlig verschlossen bleibt. Erwarten Sie keine schnelle Heilung, aber beginnen Sie den Prozess so bald wie möglich.[34]

Isolierung und Entfremdung

Wenn eine dritte Person dazu beiträgt, dass jemand sich uns gegenüber distanziert oder teilweise verschließt, dann versucht sie uns zu isolieren; und wenn diese Person bewusst zu psychologischen Manipulationen greift, um zu verhindern, dass jemand eine Beziehung zu uns aufbaut, will sie uns von diesem Menschen entfremden.

Nicole ist eine Stiefmutter. Manchmal ist sie hinsichtlich der Beziehung zu ihren vierjährigen Stiefkindern zuversichtlich und dann erfolgt wieder ein Rückschlag: »Die Mutter der Kinder benimmt sich alles andere als hilfreich. Sie erzählt ihnen vor meinen Ohren, ich würde mich nicht für sie interessieren. Sie holt die Kinder von der Schule ab, ohne es mit uns abzusprechen, wenn eigentlich wir dran wären, sie bei uns zu haben. Und wenn die Kinder bei uns sind, dann ruft sie ständig an, um unsere gemeinsame Zeit zu unterbrechen.

Wir versuchen es ihr nicht heimzuzahlen, aber das fällt uns manchmal schwer.«

Ein solches Verhalten trägt zu einer Isolierung des Stiefelternteils bei. Die Kinder sind die Leidtragenden in diesem Krieg zwischen den Erwachsenen. Darum möchten wir Eltern dringend raten: Tun Sie das Ihren Kindern nicht an! Sie möchten dadurch vielleicht die Garantie bekommen, sie nicht an die andere Familie oder den Stiefelternteil zu verlieren. Aber so zu handeln, ist egoistisch und Sie machen die Kinder damit für Ihre eigene Verunsicherung verantwortlich.

Übrigens muss Nicole nicht passiv bleiben. Sie mag sich hilflos fühlen, aber sie und ihr Mann Tim können angemessene Gegenmaßnahmen ergreifen. Wenn die Mutter zum Beispiel in ihrer Gegenwart etwas Negatives über sie zu den Kindern sagt, könnte Nicole ihr außerhalb der Hörweite der Kinder freundlich, aber bestimmt mitteilen: »Du weißt, dass das nicht wahr ist. Hör also bitte auf, das hier auf dem Rücken der Kinder auszutragen. Ich weiß, du willst ihnen nicht wehtun, aber das tust du, wenn du so was sagst.«

Ruhig zu bleiben, ist in solchen Situationen das Wichtigste, weil wir sonst die Kritik der anderen Person zu berechtigen scheinen. Sobald Nicole und Tim dann mit den Kindern allein sind, können sie ihnen auch direkt etwas sagen, ohne dabei ihre Mutter zu kritisieren. Ein aufmerksamer und barmherziger Ton ist dabei das A und O. »Ich weiß nicht so genau, warum eure Mutter sagt, dass ihr Nicole nicht wichtig seid. Wir lieben euch beide sehr. (Umarmung.) Und wenn ihr Zweifel daran habt, dann fragt uns einfach.«

Entfremdung ist eine extreme Form der Isolierung und meistens das Ergebnis einer bewussten Bemühung eines Elternteils, die Kinder emotional und psychisch von den Eltern des anderen Haushalts zu trennen. Eine Mutter berichtete uns einmal, dass ihr Exmann ihrem Sohn jahrelang eingetrichtert hatte: »Wir mögen euch lieber« und »Die wollen euch doch gar nicht bei sich zu Hause haben«.

»Und jetzt«, sagte die Mutter, »hat mein Sohn ihre Propaganda übernommen und wiederholt solche Aussagen mir gegenüber, wenn er mir klarmacht, dass er nicht zu uns kommen will, wenn wir Besuchszeit haben. Wir wissen nicht, was wir tun sollen.«

In einer anderen Familie pflanzte die Mutter ihrem Kind systematisch falsche Erinnerungen ein, um eine Mauer zwischen ihm und seinem Vater aufzubauen.

»Weißt du noch, wie dein Vater nicht gekommen ist, als er dich von deinem Spiel abholen sollte? Ich musste dich damals zu ihnen fahren. Das weißt du doch noch, oder?« Dabei hatte die Mutter mit ihrem Exmann vereinbart, dass sie das Kind nach Hause fahren würde. Und nun erfand sie ihrem Sohn gegenüber eine Geschichte, die den Vater unzuverlässig und gleichgültig aussehen lassen sollte.

In einem Podcast der Reihe *FamilyLife Blended* hat Ron einmal die Therapeutin und Familienberaterin Helen Wheeler interviewt, die sich auf konfliktreiche Scheidungen und Fälle der Entfremdung zwischen Eltern und Kindern spezialisiert hat. Sie sagte, dass es eigentlich jedem elterlichen Instinkt widerspreche, dem eigenen Kind wehzutun, um dem anderen Elternteil auf Biegen und Brechen schaden zu können. Und doch gibt es Eltern, die genau das tun. Sie sorgen dafür, dass ihr Kind zwischen den Stühlen sitzt, was zu Ängsten, Depressionen, Verunsicherung, Wut und Frustration führen kann.[35] Dem Kind wird durch den Erwachsenen immer wieder die Botschaft vermittelt: »Glaub mir und entscheide dich für mich oder du wirst meine Liebe verlieren. Aber wenn du mir glaubst, wirst du den anderen Elternteil ablehnen müssen.« Auf diese Weise verliert das Kind, egal wie es sich entscheidet, und weiß am Ende gar nicht mehr, was richtig ist.

Warum aber missbraucht jemand sein Kind seelisch? Eltern

manipulieren ihre Kinder aus verschiedenen Gründen: aus Feindseligkeit gegenüber dem früheren Partner, aus Eifersucht oder aufgrund einer Persönlichkeitsstörung, die das objektive Empfinden beeinträchtigt. Manchmal aber ist es auch der neu verheiratete Elternteil, der das Kind vom anderen Elternteil entfremden will, weil der neue Partner (Stiefvater/Stiefmutter) eine gute Beziehung zu den Kindern aufbauen möchte. Der leibliche Elternteil im anderen Zuhause soll möglichst von der Bildfläche verschwinden, damit die neue Patchworkfamilie sich gut entfalten kann. Meistens aber ist es Rache, die eine Mutter oder einen Vater dazu bringt, ihre Kinder zu manipulieren und sie vom anderen Elternteil zu entfremden. Vielleicht gibt die betreffende Person dem anderen die Schuld an der Scheidung oder sie ist verbittert über deren Folgen. Dann scheint es die richtige Reaktion zu sein, den Expartner dafür büßen zu lassen – und wie könnte man ihn mehr verletzen als damit, sein eigenes Kind gegen ihn aufzubringen?

Das Thema der Entfremdung von den Eltern ist ein zu komplexes Thema, um es hier ausführlicher zu behandeln. Wichtig aber ist uns der Hinweis, dass es sich hier um keine echte Ablehnung durch das Kind handelt. Es wird manipuliert und ist genauso ein Opfer der Entfremdung wie der entfremdete Elternteil. Dieser wichtige Unterschied weist uns auch auf den Weg hin, den wir gehen können, um die Entfremdung zu bekämpfen. Wir sollten Unwahrheiten, die dem Kind erzählt wurden, offen richtigstellen und Verständnis für die Verunsicherung des Kindes zeigen, die, wie wir wissen, unter der Oberfläche vorhanden ist. »Es tut mir leid, dass dir erzählt wurde, ich würde dich nicht lieben. Ich weiß, dass du meine Liebe spüren kannst. Aber ich weiß auch, wie verwirrend das alles für dich ist. Und ich kann verstehen, dass es sich so anfühlt, so als ob du immer nur verlieren kannst, egal was du tust. Das tut mir sehr leid.«

Das anzusprechen, was tief im Herzen des Kindes vor sich

geht, und an die Wahrheit anzuknüpfen, die es innerlich kennt, ist eine Möglichkeit, wie man die Lügen eindämmen kann.

Wenn die Entfremdung schon stattgefunden hat, könnte die Anwendung der fünf Liebessprachen eine erste Strategie sein. Versuchen wir also, die wichtigste Liebessprache des Kindes zu sprechen. Wenn diese Bemühungen aber ins Leere laufen (vielleicht weil das Kind zu stark unter dem Einfluss des manipulierenden Elternteils steht), sollten wir eine zweite Liebessprache anwenden, die weniger persönlich ist und das Kind möglicherweise eher erreicht. Zum Beispiel konnte ein Vater seiner Tochter nicht mit einer liebevollen Umarmung begegnen, weil sie ihn nicht mehr sehen wollte. Er konnte ihr aber Textnachrichten senden und so seine Liebe sowie sein Lob und seine Anerkennung zum Ausdruck bringen. Lange Zeit las sie die Nachrichten nicht und antwortete auch nicht darauf, sodass er nicht einmal wusste, ob sie sie bekommen hatte. Das hatte sie aber. Und als sie irgendwann doch Zweifel an dem bekam, was ihre Mutter ihr erzählte, trafen die liebevollen Botschaften und ermutigenden Worte, die ihr Vater ihr immer wieder geschrieben hatte, sie mitten ins Herz und öffneten den Weg zur Versöhnung.

Noch ein abschließender Hinweis: Wenn Sie selbst betroffen sind und gegen eine solche Form der Entfremdung kämpfen müssen, dann holen Sie sich unbedingt Rat und Hilfe.[36] Die meisten Materialien, die sich mit dem Thema »Co-Elternschaft« beschäftigen, sind für Ihre Situation nicht geeignet, also sollten Sie für Ihr Problem besser spezielle Literatur heranziehen. Dokumentieren Sie außerdem auf jeden Fall alles, was vorgefallen ist, weil es durchaus möglich ist, dass Sie juristische Hilfe brauchen werden. Es kann ein langer und schwerer Weg werden, doch vergessen Sie nicht: Was wie eine Ablehnung seitens des Kindes aussieht, ist es vielleicht gar nicht.

Der Weg durch die Ablehnung: Treue Liebe

Manchmal ist nur einer der oben genannten Gründe die Ursache für die Ablehnung durch ein Mitglied der Patchworkfamilie und manchmal sind es auch mehrere. Doch unabhängig davon ist das, was angesichts einer solchen ablehnenden Haltung wirklich nötig ist, immer dasselbe: eine lang anhaltende, hartnäckige Liebe, die sich mit der Zeit bewährt.

Anders als allgemein angenommen ist Liebe nämlich nicht das Einzige, was wir brauchen. Wir brauchen vielmehr eine Liebe, die nicht so leicht aufgibt. Jede tiefe Beziehung beruht auf einer Verbindung von Liebe *und* Treue (oder Vertrauenswürdigkeit). Selbst wenn es gut läuft, führt eine Liebe *ohne* Treue, ganz unabhängig von einer vorherigen Zurückweisung, zu Zweifeln und Verunsicherung. Im schlimmsten Fall verursacht sie tiefe Verletzungen, schafft so mehr Gründe für die Ablehnung und macht das Zerbrechen der Beziehung wahrscheinlicher.

> Liebe ohne Treue führt zu Zweifeln und Verunsicherung.

Wenn ein Elternteil sich unzuverlässig und gleichgültig verhält, obwohl er den Kindern seine Liebe beteuert, werden die Kinder irgendwann ihren eigenen Wert anzweifeln, sich fragen, ob sie überhaupt liebenswert sind, und sich unablässig bemühen, gut genug zu sein, um den Vater oder die Mutter wieder in ihr Leben zurückzuholen. Und ein Ehepartner, der dem anderen untreu wird, zerstört das gegenseitige Vertrauen, verursacht Verletzungen, die jahrelang schmerzen können, und wird am Ende vielleicht sogar aus dem Herzen und dem Leben seines Partners verbannt.

Manchmal gibt es auch Situationen, in denen ein offensichtlicher Mangel an Treue die gegenseitige Liebe torpediert. Ein alleinstehender Vater, der eine alleinstehende

Mutter kennengelernt hatte, vertraute uns Folgendes an: »Wir beide lieben einander. Ich fühle mich von ihr so geliebt wie von niemandem sonst.« Dann aber beschrieb er die schwierige Lage, in der er sich befand. Er und seine Freundin hatten über das Thema Verlobung gesprochen. Die Freundin machte sich aber Sorgen, wie die Hochzeit und das Zusammenleben als Patchworkfamilie sich auf ihre vier Kinder auswirken würden. Sie schlug vor zu heiraten, es den Kindern aber nicht zu erzählen. Ihrem Plan nach würden sie weiterhin getrennt wohnen und gegenüber den Kindern und dem weiteren Familienkreis so tun, als wären sie immer noch unverheiratet. Wenn sie miteinander schlafen wollten, würden sie warten, bis die Kinder jeweils beim anderen leiblichen Elternteil zu Besuch waren.

Würden Sie sich auf ein solches Arrangement einlassen? Hört sich das für Sie nach Treue und Verlässlichkeit an? Würde diese Situation die emotionale Geborgenheit in Ihrer Ehe oder gar in der Familie fördern? Mit Sicherheit nicht. Ganz egal, wie sehr die beiden einander lieben – die mangelnde Bereitschaft zur Verlässlichkeit wird das familiäre Zusammenleben in vielerlei Hinsicht beeinträchtigen.

Das ist natürlich ein extremes Beispiel. Aber der springende Punkt ist: Liebe und Treue sind unabdingbare Voraussetzungen für das Entwickeln und Aufrechterhalten gesunder Beziehungen. Eine ablehnende Haltung erfordert Treue, um das zu überwinden, was sich hinter der Ablehnung verbirgt.

Treue und die fünf Sprachen der Liebe

In den meisten Beziehungen, vor allem in romantischen, entsteht in der Regel die Liebe zuerst und dann folgt das Vertrauen, das diese Liebe vertieft. Wenn eine Person sich jedoch ablehnend verhält, ist der Prozess umgekehrt. Um zuerst Vertrauen aufzubauen, das dann die Tür zur Liebe öffnen kann, sollten Stiefeltern sich beständig darum bemühen, treu und verlässlich zu sein, selbst wenn ein Kind oder ein anderes Familienmitglied sie nicht liebt.

Verhält sich zum Beispiel ein Kind, dessen Liebessprache die Zärtlichkeit ist, ablehnend, sollte man über einen längeren Zeitraum seine Liebe nur durch leichte Berührungen wie einen Faustcheck zeigen. Intensive Umarmungen sind zu vermeiden, wenn wir wissen, dass diese dem Kind unangenehm sind. Auf diese Weise zeigen wir konstant unsere Treue und Verlässlichkeit, wodurch sich die Chance auf die Entstehung einer gegenseitigen Liebe erhöht. Denn unsere unerschütterliche Liebe sendet dem ablehnenden Kind eine starke Botschaft, die nur schwer zu leugnen ist.

Ein weiteres Beispiel: Wenn wir uns mit einem erwachsenen Kind immer wieder über oberflächliche Dinge unterhalten, sprechen wir damit die Zweisamkeits-Sprache seines Herzens, ohne von ihm zu verlangen, viel über sich selbst zu offenbaren. Mit unserem behutsamen Vorgehen hoffen wir natürlich, dass das Kind mit der Zeit sein Herz öffnet und das ablehnende Verhalten abnimmt.

Wie wir treu bleiben können: Hilfreiche Tipps

In den meisten Fällen ist die Lösung für die Ablehnung durch ein Kind oder ein anderes Mitglied der Patchworkfamilie also eine hartnäckige, beständige Liebe. Den Widerstand durch eine solche Liebe zu überwinden, ist eine sehr gute Strategie. Das Problem besteht nur darin, dass diese Art Liebe angesichts einer ablehnenden Haltung des Gegenübers nicht so einfach zu leben ist. Ablehnung tut weh und ist entmutigend. Was wir deshalb brauchen, ist der feste Entschluss weiterzumachen – und ein paar Maßnahmen, die uns dabei helfen.

Den eigenen Entschluss stärken. Hier geht es zumindest teilweise um reine Willenskraft; nicht aufzugeben, ist das A und O. Auf der anderen Seite aber sollten wir uns nicht zu viele Sorgen darüber machen, wie wir das Herz des betreffenden

Menschen gewinnen können. Das hört sich zunächst widersprüchlich an, darum wollen wir es gern näher erklären: Wenn wir es uns zum alleinigen Ziel machen, die Zuneigung unseres Gegenübers zu bekommen, geben wir damit dem anderen viel zu viel Macht über unser persönliches Wohlergehen. Das kann unsere Entschlusskraft beeinträchtigen.

Stattdessen sollten wir uns die Kraft, treu zu bleiben, »von oben« und »innerlich« holen. Finden Sie Ihr Selbstwertgefühl und Ihre Identität in einer Beziehung zu Gott, damit Sie, wer sie wirklich sind, trennen können von dem, was die ablehnende Person über Sie denkt. Das wird Ihnen dabei helfen, sich nicht von Ihrem Gegenüber definieren zu lassen. Wenn Sie Ihren persönlichen Wert »von oben« erhalten und sich selbst von innen heraus definieren, dann stärkt das Ihren Entschluss, weiterhin an die Herzenstür des anderen zu klopfen, ohne sich durch seinen Widerstand zerstören zu lassen.

Unerfüllte Erwartungen loszulassen, kann unsere Entschlusskraft ebenfalls stärken. Eine Stiefmutter erzählte uns einmal, sie habe das in Bezug darauf tun müssen, dass die Tochter ihres Mannes sie lieben lernen würde. Anfangs war sie sehr motiviert gewesen, die Liebessprache ihrer Stieftochter zu sprechen, um »ihre Mutter zu werden«. Um ihren Entschluss aufrechterhalten zu können, musste sie jedoch ihre Motivation ändern zu: »Ich tue es, weil es das Richtige für sie ist, obwohl sie eine ablehnende Haltung mir gegenüber hat.« Außerdem richtete sie ihre Aufmerksamkeit auch auf ihren Mann. »Selbst wenn es sonst nichts bringt, ist es immerhin liebevoll gegenüber meinem Mann, wenn ich weiterhin die Liebessprache seiner Tochter spreche.«

Die Liebessprache sanft sprechen. Wie besagte Stiefmutter feststellen musste, ist es ein Unterschied, ob wir unsere Liebe in der Hoffnung kommunizieren, dass die Geste oder Handlung dankbar erwidert wird, oder ob wir sie auf sanfte Weise vermitteln und nichts zurückerwarten. Worte des Lobes und

der Anerkennung zu sagen, ohne von einem »Danke« auszugehen, oder sich große Mühe zu geben, um jemandem zu helfen, in dem Wissen, dass der andere dies nicht unbedingt zu schätzen weiß – das alles vermittelt die Botschaft einer hartnäckigen, treuen Liebe. Und mehr als das.
Eine von Shaunti Feldhahn durchgeführte Studie, von der sie in ihrem Buch *The Kindness Challenge* berichtet, kam zu dem Ergebnis, dass unser Entschluss, jemandem freundlich zu begegnen, nicht nur dessen Herz erweicht, sondern auch unsere Meinung von dieser Person verbessert.[37] Wir werden dadurch also sanfter und der andere hoffentlich auch. Warum aber ist ein sanftes Herz für uns so wichtig, wo wir doch ohnehin schon motiviert sind, eine Beziehung zu der anderen Person aufzubauen? Weil zu unserer Motivation dadurch noch eine gewisse Reife hinzukommt. Wir haben dann mehr Verständnis für das, was hinter der Ablehnung steht, und sind dadurch eher in der Lage, das Verhalten unseres Gegenübers nicht persönlich zu nehmen und langmütig zu bleiben. Wir verstehen dann auch die Entwicklung des anderen besser und können einschätzen, welche Art der Verbindung er derzeit mit uns haben möchte. Und wir erkennen positive Veränderungen in seiner Haltung uns gegenüber schneller.

So wie eine freundliche Einstellung uns dabei hilft, eine höhere Meinung von der anderen Person zu bekommen, gilt entsprechend auch das Gegenteil: Wenn wir einem Menschen gegenüber eine kritische Einstellung haben, dann sehen und beachten wir eher das Negative an ihm und dadurch vertieft sich unsere Abneigung noch. So entsteht ein Teufelskreis der gegenseitigen Ablehnung. Diesen sollten wir zu durchbrechen versuchen, indem wir zuerst auf

Wenn wir einem Menschen gegenüber eine kritische Einstellung haben, dann sehen und beachten wir eher das Negative an ihm.

Freundlichkeit setzen. Wenn wir immer wieder eine Liebessprache sprechen, die der andere gut annehmen kann, hilft uns das, in unserer Liebe treu zu bleiben, und es wird vielleicht auch das Herz dieser Person sanfter werden lassen.

Tun, was ich kann. Eine frischgebackene Stiefmutter erzählte uns, dass ihre Stieftochter im Teenageralter monatelang nicht mehr zu Besuch zu ihnen kommen konnte, weil sie durch die Schule so stark ausgelastet war. Keiner hatte Schuld daran, dass sie nur so wenig Zeit füreinander fanden. Es war einfach so. Doch da die Stieftochter den Online-Test der fünf Liebessprachen gemacht hatte, wusste die Stiefmutter, dass Geschenke ihre Muttersprache der Liebe waren. Also kaufte sie ihr einen Gutschein von Starbucks und schickte ihn ihr per E-Mail mit ein paar freundlichen Zeilen.

»Es war nur eine kleine Geste«, sagte die Stiefmutter, »aber sie schrieb mir eine Nachricht und bedankte sich.«

Dieser kleine, aber greifbare Akt der Freundlichkeit vermittelte Liebe und überbrückte den Graben.

An dem festhalten, was gut ist. Erinnern Sie sich noch an den Stiefvater, den wir am Anfang des Kapitels zitiert haben? Er sagte, seinen Stiefsohn zu lieben, sei, wie gegen eine Wand zu rennen. Später berichtete er uns, er habe eine Strategie gefunden, die ihm helfe, treu und verlässlich zu bleiben und weiterhin die Gemeinschaft mit seinem Stiefsohn zu suchen. »Wenn man sieht, wie das Kind positiv reagiert, selbst wenn es nicht weiß, wie es das ausdrücken soll, hilft einem das schon. Man wird ermutigt, den Weg weiterzugehen.« Stimmt, jeder Lichtschimmer, und wenn er noch so schwach ist, bringt Hoffnung. Aber manchmal muss man intensiv suchen, um diesen Hoffnungsschimmer zu finden.

Vor Jahren schlug ein Mentor mir (Ron) vor, eine »Ermutigungssammlung« anzulegen. Ermutigende Zeilen wieder zu lesen, wenn wir einen schlechten Tag haben, kann eine große Hilfe sein. Die Sammlung bewirkte jedoch noch viel mehr, als mich an einem trostlosen Tag wieder aufzubauen. Sie zwang mich, meine Aufmerksamkeit auf das Positive zu richten, das um mich herum geschah. Recht schnell wurde mir klar, dass ich viel mehr Komplimente und wertschätzende Kommentare erhielt, als ich gedacht hatte.

Abgelehnt zu werden, ist eine schwere Last. Um dagegenzuhalten, müssen wir es wahrnehmen – *wirklich wahrnehmen* –, wenn etwas Positives geschieht. Legen Sie sich doch auch auf Ihrem Smartphone oder in einer Schachtel so eine Sammlung an, und halten Sie die Augenblicke fest, in denen Sie ermutigt wurden. Vielleicht entdecken Sie, dass selbst jetzt ein paar positive Dinge vor sich gehen und nicht alles verloren ist. Halten Sie an dem fest, was gut ist.

> Wir müssen es wahrnehmen – *wirklich wahrnehmen* –, wenn etwas Positives geschieht.

Gemeinsam mit dem Partner handeln. Eine Stiefmutter, die eine erwachsene Stieftochter hatte, wurde von Familienfeiern, Festen und Aktivitäten der Enkelkinder ferngehalten. »Meine Stieftochter lädt nur meinen Mann ein«, erzählte sie, »und nicht mich. Soll mein Mann an solchen Feiern ohne mich teilnehmen? Wenn er hingeht, dann mache ich mir Sorgen, dass meine Stieftochter mich nie mit einbeziehen wird. Und wenn er aus Rücksicht auf mich nicht hingeht, fürchte ich, dass dadurch alles noch schlimmer wird und mein Mann es mir auf Dauer vielleicht übel nimmt.«

Das ist ein Beispiel für eine konkurrierende Beziehung; sowohl die Ehefrau als auch ihr Mann befinden sich in einer Zwickmühle. Auch wenn das Ganze auf den ersten Blick wie eine Entweder-oder-Situation aussieht, sollte hier eine Sowohl-als-auch-Lösung angestrebt werden. Das bedeutet, dass der Vater sich sowohl für seine Frau als auch für seine erwachsene Tochter entscheidet, indem er die beiden Beziehungen am Anfang voneinander getrennt hält, in der Hoffnung, dass sie im Laufe der Zeit zusammenfinden werden. Weil der Ehemann (Vater) sozusagen die »Tür« ist, die seiner Frau (der Stiefmutter) den Zugang zur Familie eröffnet, würden wir in dieser Situation Folgendes vorschlagen: Der Vater sollte *etwas* Zeit mit seiner Tochter und den Enkelkindern ohne die Stiefmutter verbringen, diese dann aber systematisch nach und nach in alle Aktivitäten und Feste mit einbinden, bei denen die ganze Familie anwesend ist. Wobei zu beachten ist: Das ist eine »Niedriggarmethode«, bei der das Tempo der Stieftochter und all das, was sich hinter der Ablehnung verbirgt, respektiert wird. Doch früher oder später wird der Vater zu seiner Tochter sagen müssen: »Ich weiß, dass das nicht leicht für dich ist, aber es ist nötig, dass meine Frau einen Platz in unserem Familienleben bekommt. Lass uns hier einen Kompromiss finden. Du musst es nicht für sie tun. Wenn es nicht anders geht, dann verhalte dich wenigstens mir zuliebe ihr gegenüber respektvoll.«

Nicht vergessen, Danke zu sagen

Um nicht aufzugeben, wenn wir niederschmetternde Ablehnung erfahren, ist es unerlässlich zu verstehen, was sich hinter der abweisenden Haltung verbirgt, und uns bewusst zu machen, dass wir sie mit der Kraft beständiger Liebe überwinden können.

Außerdem ist es wirklich hilfreich, wenn der Ehepartner oder ein anderes Familienmitglied dem abgelehnten Stiefelternteil (oder demjenigen, der aktuell Zurückweisung erfährt) zu Hilfe kommt. Wenn wir während einer solchen »Wüstenerfahrung« Liebe und Unterstützung erhalten, bekommen wir den Mut weiterzugehen. Auf jeden Fall sollten wir der abgelehnten Person in ihrer Muttersprache der Liebe sagen, wie dankbar wir für sie sind und wie sehr es uns leidtut, dass sie von jemandem aus der Familie abgelehnt wird. Das

Mitgefühl und die Zeichen der Liebe von jemandem, der ihren Schmerz sieht, können ihr helfen durchzuhalten, während sie auf eine sich öffnende Tür wartet.

Sie sind dran

Überlegen Sie, wer sich in Ihrer Familie abgelehnt fühlt und von wem. Schreiben Sie auf, woher Ihrer Meinung nach diese Ablehnung kommt und was Sie dagegen tun könnten. Wenn es jemand anderes ist, der Ablehnung erfährt, dann gehen Sie auf ihn zu und bringen Sie Ihr Mitgefühl und Ihre Liebe zum Ausdruck. Wenn Sie selbst die abgelehnte Person sind, denken Sie nach, an wen Sie sich wenden können, um Hilfe und Ermutigung zu bekommen. Sprechen Sie miteinander über die Hinweise, die Sie in diesem Kapitel erhalten haben, und überlegen Sie, was Ihr nächster Schritt sein könnte.

9. Ermutigung für den weiteren Weg

»Die Liebessprache, die ich ausprobiert habe, hat nichts bewirkt. Vielleicht habe ich es auch nicht richtig gemacht … oder sie wollten es nicht annehmen. Ich weiß nicht genau, was der Grund ist.«

»Manchmal war ich durch die Situation in unserer Patchworkfamilie sehr verunsichert. Aber inzwischen hatte ich viele Jahre Zeit, um die Liebessprachen und die Persönlichkeiten unserer Kinder zu entdecken. Sie sind alle einzigartig und bringen so viel Schönes in unsere Familie hinein. Ich bin dankbar für ihre Stärken und Schwächen, denn sonst würden mir die Freude und all das Gute fehlen, womit sie mein Leben bereichern.«

Was ist der grundlegende Unterschied zwischen diesen beiden Äußerungen? – Die Zeit.

Das erste Zitat stammt von einem frustrierten Stiefelternteil, der sich noch ganz am Anfang des Weges befindet und daher unsicher ist. Die zweite Aussage dagegen hat ein

Stiefelternteil gemacht, der im Laufe der Zeit gelernt hat, was funktioniert und was nicht und wie er die Einzigartigkeit jedes einzelnen Kindes wertschätzen kann. Der lange gemeinsame Weg hat die Familie zusammengeschweißt. Dieser Stiefelternteil sieht seine Familie inzwischen als ein schönes Mosaik an.

Lassen Sie sich also ermutigen auf Ihrem Weg, gemeinsam liebevolle Beziehungen aufzubauen und aus Ihrer Familie eine »gute Mischung« zu machen. Es ist gut möglich, dass die zweite zitierte Person sich am Anfang ihrer Reise genauso fühlte wie die andere. Das Zusammenleben in einer Patchworkfamilie kann herausfordernd und verunsichernd sein, vor allem in der ersten Zeit.

Ein Elternteil sagte einmal: »In einer Patchworkfamilie fühlt sich alles manchmal etwas seltsam an.«

Doch für viele folgt nach dieser schwierigeren Zeit eine große Belohnung. Wenn Sie zu denen gehören, die heute die Früchte ihrer Bemühungen ernten können, freuen Sie sich darüber und bestärken Sie andere auf ihrem Weg. Und wenn Sie selbst eher noch verwirrt oder frustriert sind, dann geben Sie bitte nicht auf. Hören Sie nicht auf zu lieben und fördern Sie weiterhin das allmähliche Zusammenwachsen.

Am Anfang fühlte sich Elisha mit der Anwendung der Liebessprachen bei ihren Stiefkindern nicht so recht wohl und wusste nicht, wie sie ihre Rolle als Stiefmutter ausfüllen sollte. Sie und ihr Mann Terry hatten es schwer, eine Beziehung zu ihren jeweiligen im Teenageralter befindlichen Stiefkindern aufzubauen. Irgendwann aber fingen sie an, sich bewusster mit dem Zusammenwachsen ihrer Familie auseinanderzusetzen und machten den Liebessprachen-Online-Test. Als Elisha sich die Ergebnisse ansah, hatte sie ein Aha-Erlebnis. Sie erkannte, warum ihre bisherigen Versuche, einen Zugang zu den Herzen ihrer Stiefkinder zu finden, fehlgeschlagen waren, und änderte ihre Strategie. Nun verbrachte sie mehr gemeinsame Zeit mit ihrem ältesten Stiefkind und bedachte das jüngere mit Geschenken.

Ihr wurde auch klar, dass Aktivitäten, die mit ihren eigenen Interessen verbunden waren, ihre Stiefkinder nicht ansprachen; und die Kinder waren zu diesem Zeitpunkt auch nicht motiviert, die Liebessprache ihrer Stiefmutter zu sprechen. Also ließ Elisha diese Erwartungen los, was den Effekt hatte, dass sie nicht mehr so enttäuscht war und mehr Kraft dafür aufwenden konnte, die Kinder bewusst zu lieben.

Zur selben Zeit traf Terry die wohlüberlegte Entscheidung, bei seiner Stieftochter ein langsameres Tempo anzuschlagen. Die Stieftochter hatte ein gutes Verhältnis zu ihrem leiblichen Vater und ihrem ersten Stiefvater. Terry teilte ihr mit, dass er beide Beziehungen wertschätzte und sich nur wünschte, einen Platz in ihrem Leben zu finden, ohne diese zu beeinträchtigen. Damit entwickelte sich – ganz nach der »Niedriggarmethode« – nach und nach eine Verbindung zwischen Terry und seiner Stieftochter. Sie betrachtete seine Haltung mit Respekt und fand im Laufe der Zeit heraus, welchen Platz in ihrem Herzen sie ihm schenken konnte.

Erwachsene Stiefkinder blicken zurück

Wäre es nicht schön, wenn Sie die Grundsätze der fünf Liebessprachen in Ihrer Patchworkfamilie nutzen könnten, in der Zuversicht, dass diese Mühe sich eines Tages auszahlen wird? Was wäre, wenn Sie wüssten, mit welchem Verhalten Sie den besten Erfolg erzielen, und Sie somit Ihre Bemühungen noch passgenauer gestalten könnten?

Es ist immer sehr ermutigend, Erfolgsgeschichten von Eltern zu hören. Noch überzeugender sind oft Berichte von Stiefkindern, die mittlerweile junge Erwachsene sind und Lebenserfahrung gesammelt haben. Darüber hinaus sind natürlich wissenschaftlich untermauerte Ratschläge gefragt. Darum möchten wir Ihnen nun eine Studie vorstellen, die diese Aspekte in sich vereint.

Aufbauend auf früheren Untersuchungen befragten die Forscher dieser Studie erwachsene Stiefkinder, die eine positive Beziehung zu ihrem Stiefvater oder ihrer Stiefmutter hatten. Sie sollten im Rückblick schildern, was zu dieser positiven und gesunden Beziehung beigetragen hat.[38] Statt Erwachsene oder Kinder zu fragen, was sie glücklich machte oder was ihnen guttat, wenn diese sich noch mitten in den Turbulenzen des Zusammenwachsens als Familie befanden, wandten sich die Wissenschaftler an junge Erwachsene, die auf das jahrelange Zusammenleben in einer Patchworkfamilie zurückblicken können. Wohlgemerkt wurden die Teilnehmer der Studie durch die Befragenden nicht beeinflusst; diese gaben ihnen keine Begriffe wie zum Beispiel »Zweisamkeit« vor, die die Antworten in eine bestimmte Richtung hätten lenken können. Die Forscher fragten ihre Probanden nur, was ihre Situation verändert habe; sie teilten die Antworten in verschiedene Kategorien ein und analysierten sie. Vieles von dem, was sie über das Verhalten herausfanden, das die Beziehung zwischen Stiefkindern und Stiefeltern in eine positive Richtung gelenkt hatte (was sie als »Wendepunkte« bezeichneten), ähnelt den Grundsätzen, die in diesem Buch vermittelt werden. Wir hoffen, dass die folgenden Erkenntnisse aus der Studie Ihnen Mut machen werden, Ihre Liebe weiterhin bewusst zum Ausdruck zu bringen, auch wenn Sie noch keine unmittelbaren Erfolge wahrnehmen können.

Mehr als erwartet

Obwohl die Wissenschaftler nicht die fünf Sprachen der Liebe an sich untersuchten, spiegelt sich dennoch in einigen der von ihnen als besonders bedeutsam beschriebenen Verhaltensweisen ziemlich genau das wider, was wir Patchworkfamilien in diesem Buch empfohlen haben.

Zu dem, was die Forscher als »prosoziale Verhaltensweisen« bezeichneten, gehören unter anderem auch das Überreichen von Geschenken (Geschenke als Liebessprache), freundliche Gesten (Hilfsbereitschaft) und das Vermitteln positiver Botschaften an das Kind (Lob und Anerkennung). Wenn Stiefeltern sich häufig so verhalten hatten, berichteten die erwachsenen Stiefkinder, dass dies letztendlich auch ihre gegenseitige Beziehung zum Guten verändert hatte, vor allem wenn die Stiefeltern weitaus mehr getan hatten als vom Kind erwartet.

Wie wir bereits mehrfach betont haben, zeigen sich die positiven Auswirkungen dieser Verhaltensweisen nicht unbedingt sofort. Es kann Jahre dauern, bis beide Seiten im Rückblick sagen können, dass jede dieser Taten ein »Wendepunkt« für die Beziehung war. Doch letzten Endes können all diese Schritte Ihrer Familie einen großen Gewinn bringen.

Die Studie kam außerdem zu dem Ergebnis, dass gerade auch Überraschungsmomente eine besondere Wirkung besitzen. Wenn Stiefvater oder Stiefmutter etwas Unerwartetes für das Kind getan hatten, fühlte es sich dadurch geliebt, umsorgt und unterstützt.[39] Zum Beispiel erwies sich in der Studie ein besonders positiver Wendepunkt darin, dass ein Stiefelternteil über das Kind so sprach, als sei es sein »eigenes« (eine starke Äußerung von Lob und Anerkennung). Das zeigte dem Kind, wie wertvoll es dem Stiefelternteil war. Mit der Zeit können positive Erfahrungen wie diese zu einer entspannteren Haltung eines Menschen (in diesem Fall des Kindes) beitragen und dazu führen, dass er sein Herz für eine tiefere, vertrauensvollere Verbindung öffnet. Hierzu ist festzuhalten, dass die Kinder nicht immer sofort einen Zugang zu dieser Sprache der Liebe fanden und sie auch nicht erwiderten, indem sie ihren Stiefvater oder ihre Stiefmutter als ihre »eigenen« Eltern bezeichneten. Dennoch kann man aus der Studie ablesen, dass sie den Wunsch ihrer Stiefeltern nach einer tieferen

Beziehung verinnerlichten, was anscheinend allmählich dazu führte, dass ihr Herz weicher wurde und sie sich öffneten.

Und wie ist es mit der Liebessprache der Zärtlichkeit? Wir sind der Meinung, dass angemessene zärtliche Berührungen, die einem Kind behutsam über einen gewissen Zeitraum immer wieder geschenkt werden, einen ähnlich positiven Effekt haben.

Lassen Sie sich auf keinen Fall entmutigen, wenn Sie das Kind als Ihr »eigenes« bezeichnet haben und das noch nicht gleich in seinem Verhalten Ihnen gegenüber Wirkung zeigt. Bleiben Sie ruhig und bleiben Sie bei dem eingeschlagenen Kurs. Vergessen Sie nicht: Es ist die treue und beständige Liebe, die im Laufe der Zeit die Herzen verbindet und Sie zu einer Familie macht.

Zweisamkeit

Wenn wir intensiv Zeit mit jemandem verbringen, vermitteln wir ihm dadurch unsere Wertschätzung und haben die Chance, einen Schatz an gemeinsamen Erinnerungen anzulegen, der dazu beiträgt, unsere Beziehung zu prägen und zu formen. Auch das wurde durch die Studie bestätigt. Unter den Beispielen für »positive Wendepunkte durch Gemeinschaft« wurden familiäre Freizeit-Unternehmungen genannt (alle zusammen oder zwei Mitglieder für sich), die gemeinsame Zubereitung von Mahlzeiten, Reisen und das Beibringen von Fähigkeiten (wie zum Beispiel im Rahmen eines Besuchs auf dem Verkehrsübungsplatz). Hilfreiche Gespräche über das Leben und die Beziehung zu anderen Menschen trugen gemäß der Studie ebenfalls dazu bei, dass das Kind sich unterstützt fühlte, insbesondere wenn diese Unterhaltungen mit ermutigenden Worten seitens des Stiefvaters oder der Stiefmutter einhergingen. Der erste gemeinsame Urlaub als Patchworkfamilie erhöhte die positive Einstellung zum Stiefelternteil im Durchschnitt um 30 Prozent.[40]

Doch in Sachen Zweisamkeit gab es auch eine wichtige Erkenntnis: Die Wissenschaftler entdeckten, dass es zu Beginn des familiären Zusammenlebens weniger gemeinsam verbrachte Zeiten gab, weil in dieser Phase üblicherweise Konflikte vorherrschen. Wer will schon Zeit mit jemandem verbringen, den er nicht mag oder mit dem er zumindest nichts anfangen kann? Gemeinsame Zeiten, vor allem die intensiven, die man zu zweit verbringt, gibt es häufiger, wenn aus den Kindern ältere Jugendliche oder Erwachsene geworden sind und die Beziehung genug Zeit hatte, um sich zu festigen und allgemein positiver zu werden. Erinnern Sie sich noch an Kapitel 3, wo wir aufgezeigt haben, dass manche Liebessprachen und Dialekte persönlicher sind als andere und Sie deshalb behutsam vorgehen sollten? Die Studie untermauert die Hinweise, die wir diesbezüglich gegeben haben. Man kann einem Kind eine intensive gemeinsame Zeit nicht aufzwingen; das muss ein allmählicher Prozess sein, die Folge eines langsamen Zusammenwachsens als Familie. Oder anders ausgedrückt: Wenn *Ihre* Liebessprache die Zweisamkeit ist, sollten Sie den intensiveren Dialekt »Zeit zu zweit« für Gruppenaktivitäten in der Familie oder begrenzten Zeiten zu zweit opfern, bis die Beziehung stark genug ist, um längere, konzentriertere gemeinsame Zeiten genießen zu können. Gehen Sie weise vor.

Zusammen betrachtet waren die Zweisamkeit und das, was die Forscher als »prosoziale Aktionen« bezeichneten (also die Liebessprachen der Geschenke, der Hilfsbereitschaft und des Lobes und der Anerkennung), die zwei am häufigsten genannten Antworten (von dreizehn möglichen), wenn es um positive Wendepunkte ging. Sie machten ein Drittel der Wendepunkte aus, die von den inzwischen erwachsenen Stiefkindern hinsichtlich ihrer Beziehung zum Stiefelternteil genannt wurden.[41] Der positive Effekt, den solche Verhaltensweisen haben, ist also deutlich erkennbar. Das sollte uns Mut machen.

Die Wirkung war außerdem dann besonders stark, wenn die Stiefkinder in ihrer Beziehung zu Stiefvater oder Stiefmutter noch verunsichert waren. Empfanden sie eine gewisse Distanz zum Stiefelternteil, der sich aber große Mühe gab, sie mit einem Geschenk zu überraschen oder sich im sozialen Umfeld für sie einzusetzen, so bewirkte das eine deutliche Veränderung in der gegenseitigen Beziehung.
Stiefeltern können aus der Studie also Folgendes mitnehmen: Liebevoll die Führung zu übernehmen, selbst wenn die Beziehung noch auf wackligen Füßen steht oder aus dem Gleichgewicht geraten scheint, kann eine große Kraft entfalten und positive Wendungen herbeiführen.

Wenn die Kinder nur zeitweise bei Ihnen sind, ist es schwer, einen Rhythmus des Liebe-Zeigens zu finden. In einem solchen Fall sollten Sie das Beste aus der Zeit machen, die Sie haben, und sich außerdem auf Ferien und besondere Familientage konzentrieren. Es kann sehr hilfreich sein, gemeinsame Erinnerungen und Rituale zu schaffen, die vermitteln: »Wir sind Familie.«

Aus der Studie gingen auch viele weniger geläufige und weniger wirksame Wendepunkte hervor, die aber ebenfalls wichtig sind und zu einer positiven Veränderung der Beziehung beitrugen, wie zum Beispiel der Umzug in ein neues Haus, das gemeinsame Entwickeln von Urlaubstraditionen, die für die Familie von Bedeutung waren, oder das gemeinsame Durchstehen einer Krise. Selbst Konflikte zwischen Stiefkind und Stiefelternteil konnten hilfreich sein, sofern sie gelöst wurden (das heißt, wenn es danach wieder zur Versöhnung kam).[42] Handlungen, die dem Kind gegenüber die Liebe deutlich zum Ausdruck brachten, wurden jedoch am häufigsten genannt und schienen sich im Laufe der Zeit am positivsten auszuwirken.

Es sollte jedoch auch erwähnt werden, dass nicht jedes gut gemeinte Verhalten eine positive Wendung in der Beziehung herbeiführte. Manches wirkte sich nach Aussage der erwachsenen Stiefkinder weder positiv noch negativ aus, während ganz wenige Verhaltensweisen eher negative Wirkungen hervorriefen. Daraus können wir lernen, dass nicht auf jede unserer Bemühungen eine Veränderung zum Guten folgen wird. Auf die meisten aber schon – *ganz allmählich.* Nur auf einige wenige gar nicht. Lieben Sie Ihr Stiefkind auch dann beharrlich weiter. Denn mit der Zeit werden Sie Ihren Herzenswunsch nach einer tieferen Verbindung zu ihm so deutlich unter Beweis gestellt haben, dass die Zeichen Ihrer Liebe alles andere überwiegen.

Kernpunkte zum Merken

Fassen wir noch einmal in kompakter Form zusammen, was die Ergebnisse der Studie für Ihre Familie hinsichtlich der fünf Liebessprachen bedeuten können:

- Die anderen großzügig und treu über einen langen Zeitraum zu lieben – durch Geschenke, Lob und Anerkennung, Hilfsbereitschaft, Zärtlichkeit und Zweisamkeit –, lenkt die Beziehungen in Patchworkfamilien letztendlich in eine positive Richtung. Dieses Verhalten erfordert wenig Zeitaufwand, Fähigkeiten, Geld und Anstrengung, aber es hat enorme Auswirkungen.
- Schöne Überraschungen, mit denen der andere nicht gerechnet hat, sprechen eine deutliche Sprache und sind schwer zu übersehen.
- Zeiten der Zweisamkeit lassen sich am Anfang schwerer

einrichten, weil die Spannungen, die beim Zusammenwachsen der Familie entstehen, das Zusammensein eher unangenehm machen. Seien Sie also zu Beginn Ihres Weges als Familie eher maßvoll (dem Tempo der Kinder entsprechend) und verstärkten Sie Ihre Bemühungen um Zweisamkeit erst dann, wenn die Beziehungen reif dafür sind.

- Wenn wir die Liebessprache eines Menschen sprechen, dann werden die positiven Auswirkungen normalerweise nicht immer gleich sichtbar, sondern erst im Laufe der Zeit. Selbst wenn sich die Gefühle des Kindes gegenüber dem Stiefvater oder der Stiefmutter in eine positive Richtung entwickeln, kann es sein, dass das Kind diese Liebe erst sehr viel später erwidert.
- Stiefeltern sollten nur sehr allmählich und behutsam strenge Erziehungsmaßnahmen ergreifen. Wie bereits in Kapitel 5 besprochen, sollten wir erst Freundschaft, Liebe und Vertrauen zu dem Kind aufbauen, bevor wir ihm Grenzen setzen und Regeln vorgeben.
- Auch negative Konflikte können, wenn sie bearbeitet und gelöst werden und man sich wieder miteinander versöhnt, zu einem positiven Wendepunkt für Stiefelternteil und Stiefkind werden. Das fördert die eigene Widerstandskraft und die gegenseitige Wertschätzung.
- Alles in allem kann man sagen: Jedes positive Verhalten – von der einfachen und alltäglichen Geste bis hin zu großen, außergewöhnlichen Aktionen – vermittelt dem Kind auf eindrückliche Weise unsere authentische Liebe und besitzt die Kraft, die Qualität unserer Beziehung zu verbessern.

Dieser letzte Gedanke kann nicht oft genug wiederholt werden. Viele Paare klagen, dass sie sich hilflos fühlen und nicht wissen, wie sie ihre Familie zusammenführen oder eine belastete Beziehung zwischen ihren Mitgliedern verbessern können. Die Antwort liegt in der treuen Liebe; sie ist die wirksame Kraft, die wir brauchen, um die Dinge in eine gute Richtung zu lenken.

Ein buntes Mosaik

Bei Patchworkfamilien ist es mittlerweile beliebt, bei der Trauung ein Sandmosaik anzulegen. Glasvasen, die mit verschiedenfarbigem Sand gefüllt sind, stehen dabei für die einzelnen Erwachsenen und Kinder, die sich in der neuen Familie zusammenfinden werden. Zuerst füllt das Brautpaar etwas Sand aus seinen zwei Vasen in eine größere »Familienvase« um. Danach werden die Kinder aufgefordert, etwas aus ihren Vasen hinzuzugeben. Aus der Vermischung des bunten Sandes entsteht ein schönes Mosaik, das mit nach Hause genommen werden kann und dort ein bleibendes sichtbares Zeichen für das Zusammenwachsen der Familie ist.

Doch soll die farbenfroh gefüllte Vase aussagen, dass die Familie zu diesem Zeitpunkt bereits zu einer Einheit geworden ist?

Die Hochzeit ist für die Ehe bedeutsam, weil sie das Ende von etwas Altem und den Beginn von etwas Neuem markiert. Sie ist das Ende oder der Höhepunkt eines Prozesses, bei dem zwei Menschen sich kennenlernen, sich verlieben, eine gemeinsame Zukunftsvision entwickeln und die Entscheidung treffen, sich aneinander zu binden, »bis dass der Tod uns scheidet«. Mit der Hochzeit beginnt die Phase, in der diese zwei Menschen das geleistete Versprechen in die Tat umsetzen. Neue Grenzen werden gezogen, neue Loyalitäten erklärt und neue Bündnisse geschmiedet. Freunde und Familie, ja sogar der Staat werden darüber informiert. Nachdem das Eheversprechen geleistet wurde und das neue Leben begonnen hat, müssen alle sich entsprechend anpassen. Von diesem Moment an wird alles anders.

Die Rituale, die mit einer Hochzeit verbunden sind, sollen uns diesen Punkt klarmachen (sowohl dem Paar als auch den Kindern, wenn es welche gibt, und allen bei der Trauung Anwesenden). Das Anstecken der Trauringe ist ein gutes Beispiel dafür. Oft wird deren Symbolik von der Person erklärt, die die Trauung hält: »Ein Ring ist rund. Er hat weder Anfang noch Ende; er ist unendlich. So ist es auch mit eurem Trauversprechen: Es wird für immer Bestand haben.«

Ähnlich ist es mit der Hochzeitskerze. Manchmal nehmen Bräutigam und Braut beide eine eigene Kerze und zünden damit gemeinsam eine einzige größere an, die als Symbol ihrer Einheit gilt. *Und sie werden sein ein Fleisch.*

Rituale sind eine ernste Angelegenheit. Dennoch würde niemand, der mitverfolgt, wie das Paar die Hochzeitskerze anzündet, davon ausgehen, dass die beiden bereits jetzt die geistliche, emotionale, körperliche und geistige Einheit vollendet haben. Wir sind uns nur dessen bewusst, dass das Anzünden der Kerze das Paar dazu aufruft, diesen Zustand anzuvisieren.

Die Botschaft der Kerzenzeremonie lautet: *Strebt danach. Richtet euer Leben darauf aus, diese Einheit zu finden. Lasst euer eigenes Ich in den Hintergrund treten und legt die Selbstsucht ab. Ihr lebt jetzt für das Wir eurer Ehe. Und ihr tragt beide einen Ring am Finger. Lebt entsprechend.*

Das Ritual rammt sozusagen einen Pflock in die Erde, es zieht eine Startlinie und weist auf eine Zukunft hin, die anders sein wird aufgrund dessen, was hier gerade geschieht. Aber es setzt niemals voraus, dass dieses Ziel der Einheit bereits erreicht ist.

Ebenso beginnt auch für Patchworkfamilien am Tag der Hochzeit eine Reise, die erst sehr viel später zu Ende geht. Das Anfertigen eines Sandmosaiks während der Trauzeremonie bedeutet nicht, dass das Zusammengehörigkeitsgefühl als Familie sich bereits eingestellt hat. Hier wird die Mischung nicht vollendet, sondern in Gang gesetzt. Es wurde eine Markierung gezogen, hinter die man nicht mehr zurück kann. »Jetzt bauen wir gemeinsam eine liebevolle Beziehung auf« ist die Botschaft, die von den Eltern an jenem Tag ausgesandt wird. Dennoch müssen die beiden ab sofort herausfinden, wie sie mit jedem einzelnen Familienmitglied umgehen sollen; sie müssen festlegen, was das Ganze praktisch für sie bedeutet, und dann Schritte in die richtige Richtung unternehmen.

Wenn bei einer Hochzeit ein Sandmosaik angefertigt wird, dann füllen die Kinder und Erwachsenen das meiste, wenn nicht sogar alles von ihrem Sand in die große Familienvase. Doch im wahren Leben füllt ein Kind vielleicht nur die Hälfte dort hinein und bewahrt die andere Hälfte für das zweite Zuhause auf, in dem es lebt. Ein anderes Kind wiederum füllt einen großen Teil seines Sandes hinein, aber mit sehr gemischten Gefühlen, und versucht dann etwas davon wieder herauszuholen. Ein drittes Kind wiederum schüttet aus Protest nur ein paar Sandkörner aus der eigenen Vase heraus und schnippt diese verächtlich in Richtung Familienvase. Nicht nur die Motivation zu lieben kann unterschiedlich stark ausgeprägt sein; auch das Verständnis dessen, was es bedeutet, seine Mitmenschen zu lieben, kann variieren. Das Bedürfnis der Kinder, dass ihre Eltern möglichst nicht so viel von sich selbst in die Vase füllen mögen, kollidiert oftmals mit dem Wunsch der Eltern, sich ganz hineinzugeben.

Doch immerhin haben sie den Prozess, gemeinsam liebevolle Beziehungen aufzubauen, nun begonnen.

Bei der Sandzeremonie entsteht sofort ein wunderschönes buntes Ganzes. Im wahren Leben aber sehen Patchworkfamilien am Anfang oft ungleichmäßig, zerrissen und, wie ein Elternteil es einmal formulierte, »seltsam« aus. Während der Sand in die Vase rinnt und sich vermischt, reiben sich die

Sandkörner aneinander. Im Lauf der Zeit jedoch fügen sie sich zusammen und gewöhnen sich aneinander; sie geben mehr von sich selbst und bilden allmählich ein beeindruckendes Muster der Formen und Farben.

Wenn Sie dieses Familienmosaik fragen würden: »Wie kommt es, dass du so schön bist?«, dann würde es vielleicht ein paar Wendepunkte benennen können. Manches aber bleibt ein Geheimnis. Doch es gibt eine Sache, die alles zusammenhält, und das ist die Liebe – eine bewusste, zielgerichtete, opferbereite und treue Liebe.

Sie sind dran

Benennen Sie die Wendepunkte, die Ihrer Familie bisher bereits geholfen haben, und sprechen Sie miteinander darüber. Dann überlegen Sie gemeinsam, zu welchen zukünftigen Schritten die Gedanken in diesem Kapitel Sie anregen. Und schließlich: Beschreiben Sie Ihr Familienmosaik, wie es sich heute darstellt. Wo befinden Sie sich gerade in dem Prozess der Vermischung Ihres Sandes und was macht Ihnen Mut für die vor Ihnen liegende Wegstrecke?

Nachwort

Dieses Buch zusammen mit Ron Deal zu schreiben, hat mir viel Freude gemacht. Seit über fünfundzwanzig Jahren arbeitet er intensiv mit Patchworkfamilien und hilft ihnen beim Zusammenwachsen. Ich selbst gebe seit mehr als fünfundzwanzig Jahren die Botschaft der fünf Sprachen der Liebe weiter. Ich durfte miterleben, wie dieses einfache Konzept Tausende von Ehen verändert und auch die Beziehungen zwischen Eltern und Kindern deutlich verbessert hat. Nach wie vor bin ich überzeugt: Wenn wir die Muttersprache der Liebe eines anderen Menschen entdecken, sie konsequent anwenden und auch die anderen vier Sprachen hier und da berücksichtigen, befinden wir uns auf dem Weg zu einer guten Beziehung.

Im Lauf der Jahre haben mich sehr viele Paare, die in zweiter oder dritter Ehe verheiratet sind, gefragt, wie die Liebessprachen in einer Patchworkfamilie anzuwenden seien. Dieses Buch soll diese Frage beantworten. Rons jahrelange Erfahrung und seine Bereitschaft, seine Erkenntnisse und die Beispiele aus dem realen Leben mit uns zu teilen, machen das Buch zu einem äußerst praktischen Ratgeber.

Ich vermute, dass Sie in diesem Buch viele Ihrer eigenen Gedanken und Gefühle in den geschilderten Erlebnissen anderer wiedergefunden haben. Träume von Liebe und Einheit durchziehen die Gedanken und Herzen der Paare, die eine Patchworkfamilie gründen. Die Schmerzen und Verletzungen aus der Vergangenheit, die durch das Ende einer Beziehung oder den Tod des Partners hervorgerufen wurden, sind dort ebenfalls präsent. Doch Sie sehen bereits ein Licht am Horizont; es ist der Tag, nach dem Sie sich gesehnt, von dem Sie geträumt und für den Sie oft gebetet haben.

Und jetzt haben Sie ein weiteres Mal Liebe und Vertrauen gefunden. Sie können es kaum erwarten, Ihre beiden Leben miteinander zu verbinden, um die Ehe aufzubauen, nach der Sie sich gesehnt haben – eine liebevolle, fürsorgliche, hilfsbereite Beziehung, die es Ihnen beiden ermöglicht, Ihr Potenzial zum Guten zu entfalten. Bald schon merken Sie aber, dass Ihre Welt mehr umfasst als nur Sie beide. Wenn er Kinder hat, dann sind Sie jetzt eine Stiefmutter. Und wenn sie Kinder hat, dann sind Sie jetzt ein Stiefvater. Wenn Ihr früherer Ehepartner noch lebt, haben sie möglicherweise gemeinsame Kinder mit ihm. Ist er verstorben, dann haben Sie ihn wahrscheinlich nicht vergessen und ihre Kinder erst recht nicht. Ihre Familie ist einfach nur größer und komplexer geworden.

Wir haben versucht, Ihnen mit diesem Buch eine Art Landkarte an die Hand zu geben, mit deren Hilfe Sie den Weg zu einer zusammenhaltenden Patchworkfamilie finden können. Nicht alle Patchworkfamilien sehen gleich aus. Einige haben wirklich eine Verbindung zueinander gefunden, in der echte Liebe zwischen den Familienmitgliedern herrscht. Andere sind auf Hindernisse gestoßen, die sie zu einem Umweg gezwungen haben. Wenn wir jedoch unsere Liebe beharrlich weiter in der richtigen Sprache zum Ausdruck bringen, dann ist dies die wirksamste Art und Weise, wie wir wieder auf den richtigen Weg zurückfinden und zu einer Patchworkfamilie werden, die wirklich miteinander verbunden ist.

Wir hoffen, dass dieses Buch für Sie hilfreich war. Wenn

ja, dann geben Sie Ihre Erfahrungen doch an Freunde weiter, die sich auf einem ähnlichen Weg befinden. Denn auch sie möchten das, was Sie sich gewünscht haben: eine liebevolle, hilfsbereite Familie, in der alle sich gegenseitig ermutigen und unterstützen. Es ist unser Wunsch, dass viele weitere Paare erleben dürfen, wie ihre Träume wahr werden, wenn sie die Grundsätze aus diesem Buch anwenden.

Gary Chapman

Dank

Ich (Gary) bewundere Ron Deals Engagement für Patchworkfamilien schon seit vielen Jahren. Es ist mir eine Ehre, dass ich mit ihm gemeinsam dieses Buch schreiben durfte, um Patchworkfamilien zu vermitteln, wie sie die fünf Sprachen der Liebe in ihrem Umfeld anwenden können.

Mein tiefer Dank gilt meiner Frau Karolyn, die das Manuskript bearbeitet hat, bevor wir es dem Verlag vorlegten. Danke auch an Anita Hall, meine Assistentin, die mir bei der Aufbereitung des Manuskripts eine große Hilfe war. Danken möchte ich außerdem dem wunderbaren Team des Verlags *Northfield Publishing:* John Hinkley, Betsey Newenhuyse und allen, die an irgendeiner Phase dieses Projektes beteiligt waren.

Ich (Ron) möchte mich sehr herzlich bei Gary Chapman bedanken, der sein Leben dem Dienst an anderen Menschen gewidmet hat. Er hat dazu beigetragen, dass es meiner Ehe besser ging und ich ein besserer Vater wurde. Seine Bücher haben mir außerdem geholfen, anderen Menschen in ihren Beziehungen weiterzuhelfen. Die Zusammenarbeit mit ihm bei diesem Projekt war mir eine große Ehre.

Mein Dank gilt außerdem John Hinkley und dem Team des Verlags *Northfield Publishing*, die meine Idee zu diesem Projekt von Anfang an begeistert aufgenommen und gefördert haben. Ein besonderer Dank geht an unsere Assistentinnen Anita Hall und Shannon Simmons sowie an Karolyn Chapman (Letztere war unsere inoffizielle Lektorin) und an Betsey Newenhuyse (die Verlagslektorin). Sie alle haben dieses Buch zu einem gut lesbaren und verständlichen Werk gemacht. Meinem Agenten Chip MacGregor kann ich gar nicht genug danken; er ist ein enger Freund und ich bin ihm für all seine Hinweise äußerst dankbar.

Und schließlich möchte ich mich noch bei meiner Familie bedanken: Ich bin ein tief gesegneter Mann, mit drei Söhnen, die ich mehr liebe als mein eigenes Leben und die meine Liebe erwidern, trotz all meiner Unzulänglichkeiten. Und danke, Nan: Danke, dass du gemeinsam mit mir ein Leben voller Liebe aufgebaut hast.

Endnoten

[1] Online-Umfrage, durchgeführt im Jahr 2018 von Ron Deal und *Smart Stepfamilies.*

[2] Name geändert. Im gesamten Buch tauchen die erwähnten Personen nicht mit ihrem echten Namen auf, um ihre Privatsphäre und die ihrer Familien zu schützen.

[3] Patricia Papernow: *Becoming a Stepfamily. Patterns of Development in Remarried Families.* New York: Gardner Press, 1993, S. 387.

[4] Ron L. Deal: *The Smart Stepfamily. Seven Steps to a Healthy Family.* Überarbeitete und erweiterte Auflage. Bloomington, Minnesota: Bethany House Publishers, 2014, S. 93–98.

[5] Siehe Emily E. Wiemers, u. a.: »Stepfamily Structure and Transfers Between Generations in U.S. Families«. Vortrag, gehalten beim Jahrestreffen 2015 der Population Association of America, San Diego, Kalifornien. Online aufgerufen im Juli 2018 unter http://public.econ.duke.edu/~vjh3/working_papers/StepkinTransfers.pdf.

[6] Weitere Ausführungen zum Thema Scheidungsrate von Patchworkfamilien in Ron L. Deal: *The Smart Stepfamily.* Überarbeitete und erweiterte Aufl. Bloomington, Minnesota: Bethany House Publishers, 2014, S. 101–102.

[7] Der Gedanke, dass Beziehungen sowohl Liebe als auch Vertrauenswürdigkeit brauchen, um das Gefühl der Identität (Selbstwertgefühl) und Geborgenheit (»diese Beziehung ist verlässlich«) zu fördern, stammt aus der Arbeit eines guten Freundes, Terry Hargrave, und zwar aus dem von ihm mitverfassten Buch *Restoration Therapy. Understanding and Guiding Healing in Marriage and Family Therapy.* New York: Routledge, 2011.

[8] Die Gedanken im folgenden Abschnitt beruhen teilweise auf den Ausführungen von Deborah Barr, Edward G. Shaw, Gary Chapman: *Keeping Love Alive as Memories Fade. The 5 Love Lan-*

guages and the Alzheimer's Journey. Chicago: Northfield Publishing, 2016, S. 38–39.

[9] Mit diesem Begriff bezeichnen wir das, was entsteht, wenn zwei Menschen in einer für sie sehr wichtigen, dauerhaften Beziehung leben und auch gegenseitig etwas dazu beitragen.

[10] Alte Texte wie zum Beispiel die Bibel sowie moderne Theorien der Psychotherapie (siehe *Restoration Therapy* von Terry Hargrave) zeigen uns schon lange, wie wichtig unsere Vertrauenswürdigkeit und das Einhalten von gegebenen Versprechen sind. Und selbst wenn wir oft so tun, als wäre die Liebe alles, was es für eine gelingende Beziehung braucht, wissen wir im Innern doch, dass eine Liebe ohne Vertrauen nicht zu einer intensiven Beziehung voller Geborgenheit führt.

[11] Siehe Terry Hargrave: *Restoration Therapy.* New York: Routledge, 2011.

[12] Die Gedanken in diesem Abschnitt beruhen auf den Ausführungen von Deborah Barr, Edward G. Shaw, Gary Chapman: *Keeping Love Alive as Memories Fade. The 5 Love Languages and the Alzheimer's Journey.* Chicago: Northfield Publishing, 2016, S. 38–40.

[13] Dawn O. Braithwaite u. a.: »›Feeling Warmth and Close to Her‹. Communication and Resilience Reflected in Turning Points in Positive Adult Stepchild-Stepparent Relationships«. *Journal of Family Communication* 18, 2018, Nr. 2, S. 92–109. https://www.tandfonline.com/doi/full/10.1080/15267431.2017.1415902.

[14] Lauren Reitsema: *In Their Shoes. Helping Parents Better Understand and Connect with Children of Divorce.* Bloomington, Minnesota: Bethany House, 2019.

[15] Die besonderen finanziellen Herausforderungen in einer Patchworkfamilie werden zum Beispiel ausführlich behandelt in Ron L. Deal, Greg S. Pettys, David O. Edwards: *The Smart Stepfamily Guide to Financial Planning. Money Management Before and After You Blend a Family.* Minneapolis: Bethany House, 2019.

[16] Siehe Gary Chapman: *Die fünf Sprachen der Liebe. Wie Kommunikation in der Ehe gelingt.* Marburg: Verlag der Francke-Buchhandlung, 2003.
[17] Mehr zu diesem Thema erfahren Sie in den Büchern *The Smart Stepmom* von Ron Deal und Laura Petherbridge (Bloomington, Minnesota: Bethany House Publishers, 2009) und *The Smart Stepdad* von Ron Deal (Bloomington, Minnesota: Bethany House Publishers, 2011).
[18] Wir empfehlen zu diesem Thema Garys Buch, das er gemeinsam mit Jennifer Thomas verfasst hat: *Die fünf Sprachen des Verzeihens. Die Kunst, wieder zueinanderzufinden.* Marburg: Verlag der Francke-Buchhandlung, 2007.
[19] Siehe Gary Chapman, Ross Campbell: *Die 5 Sprachen der Liebe für Kinder.* Marburg: Verlag der Francke-Buchhandlung, 2014.
[20] Larry Bumpass: »Some Characteristics of Children's Second Families«. *American Journal of Sociology* 90, Nr. 3 (Nov. 1984), S. 608–623.
[21] Susan L. Brown, Wendy D. Manning, J. Bart Stykes: »Family Structure and Child Well-Being. Integrating Family Complexity.« *Journal of Marriage and Family* 77, Nr. 1 (Febr. 2015), S. 177–190. Zu den Schwierigkeiten, Halb- und Stiefgeschwisterbeziehungen zahlenmäßig zu erfassen, siehe Lawrence Ganong, Marilyn Coleman: *Stepfamily Relationships. Development, Dynamics, and Interventions.* 2. Auflage. New York: Springer, 2017, S. 191–192.
[22] Lawrence Ganong, Marilyn Coleman: *Stepfamily Relationships.* S. 202–204.
[23] Ebd., S. 202.
[24] Debra Mekos, E. Mavis Hetherington, David Reiss: »Sibling Differences in Problem Behavior and Parental Treatment in Nondivorced and Remarried Families.« *Child Development* 67, Nr. 5 (Okt. 1996), S. 2148–2165. Zitiert bei Ganong, Coleman: Stepfamily relationships, S. 202.
[25] Ron L. Deal: *Daily Encouragement for the Smart Stepfamily.*

Bloomington, Minnesota: Bethany House Publishers, 2018, S. 209.

[26] Ron L. Deal: *The Smart Stepfamily: Seven Steps to a Healthy Family*. Bloomington, Minnesota: Bethany House Publishers, 1994, S.277–285.

[27] Ron L. Deal: »What Do We Do Now? When Stepsiblings Have Sex.« Smart Stepfamilies. https://smartstepfamilies.com/view/stepsibling-romance.

[28] Diesen Hinweis verdanke ich (Ron Deal) meinem Freund Bob Maday. Als er das sagte, wusste ich sofort, dass dies ein richtiger – und tiefgründiger – Gedanke war.

[29] Maximiliane E. Szinovacz: »Grandparents Today: A Demographic Profile.« *The Gerontologist* 38, Nr. 1 (1998), S. 37–52.

[30] Kenneth W. Wachter: »Kinship resources for the Elderly.« *Philosophical Transactions of the Royal Society of London Biological Sciences* 352, Nr. 1363 (Dez. 1997), S. 1811–1817. In den USA wird demnach ein Stiefenkelkind auf 1,7 leibliche Enkelkinder kommen.

[31] Lauren Reitsema: *In Their Shoes. Helping Parents Better Understand and Connect with Children of Divorce*. Bloomington, Minnesota: Bethany House, 2019.

[32] Lawrence Ganong, Marilyn Coleman: *Stepfamily Relationships. Development, Dynamics, and Interventions*. 2. Auflage. New York: Springer, 2017, S. 214–226.

[33] Ebd., S. 222.

[34] Hier kann Ihnen Garys Buch weiterhelfen, das er gemeinsam mit Jennifer Thomas verfasst hat: *Die fünf Sprachen des Verzeihens. Die Kunst, wieder zueinanderzufinden*. Marburg: Verlag der Francke-Buchhandlung, 2007.

[35] Siehe Podcast *FamilyLife Blended* mit Ron Deal unter dem Titel »Challenging Co-Parent Situations and Parent Alienation«. 29. April 2019. Hier verfügbar: https://www.familylife.com/podcast/familylife-blended-podcast/6-challenging-co-parent-si-

tuations-and-parent-alienation/. Weitere Podcasts unter: https://www.familylife.com/podcast/familylife-blended-podcast/.

[36] Besuchen Sie zum Beispiel die Homepage der *Parental Alienation Awareness Organization USA:* https://www.paaousa.org/. Empfehlenswert ist das Buch von Dr. Richard A. Warshak: *Divorce Poison. How to Protect Your Family from Bad-mouthing and Brainwashing.* Neue, überarbeitete Auflage. New York: HarperCollins, 2010.

[37] Shaunti Feldhahn: *The Kindness Challenge. Thirty Days to Improve Any Relationship.* Colorado Springs, Colorado: WaterBrook, 2016.

[38] Dawn O. Braithwaite u. a.: »›Feeling Warmth and Close to Her‹. Communication and Resilience Reflected in Turning Points in Positive Adult Stepchild-Stepparent Relationships.« *Journal of Family Communication* 18, Nr. 2 (Jan. 2018), S. 92–109, https://www.tandfonline.com/doi/full/10.1080/15267431.2017.1415902.

[39] Ebd., S. 97–98.

[40] Ebd., S. 98–99.

[41] Die Autoren der Studie fragten nicht ausdrücklich nach zärtlichen Berührungen und die Befragten machten auch keine spontanen Äußerungen, die in diese Kategorie fallen könnten.

[42] Ebd. S. 99–100. Obwohl »Versöhnung/Problemlösung« nicht so häufig als Wendepunkt genannt wurde, hatte ein entsprechendes Verhalten doch positive Auswirkungen. Wenn Menschen sich die Zeit nehmen, Konflikte zu lösen, trägt dies zu einem Gefühl der emotionalen Geborgenheit bei.

Gemeinsamer Lesespaß

Dandi Daley Mackall
Das tierisch gute Familien-Andachtsbuch
ISBN 978-3-86827-360-1
368 Seiten, gebunden

365 Andachten für die ganze Familie

Ganz egal, ob sie bellen, quaken, schnauben oder schnurren – wer Zeit mit Tieren verbringt, merkt schnell, dass sie uns eine Menge über unseren Schöpfer beibringen können.

Dandi Daley Mackall kombiniert in diesem Andachtsbuch faszinierende Informationen zu den verschiedensten Tieren mit geistlichen Wahrheiten. Sie malt vor Augen, wie Gott ist, ermutigt zu einem Leben mit ihm und zeigt auf, wie das konkret aussehen kann. Jede Andacht wird durch einen passenden Bibelvers und praktische Anregungen für den Tag abgerundet.

Ihre Kinder werden begeistert sein. Egal ob Grundschüler oder Teenager – in diesem Andachtsbuch ist für jeden etwas dabei.